母との食卓

まあいいか3

大竹しのぶ

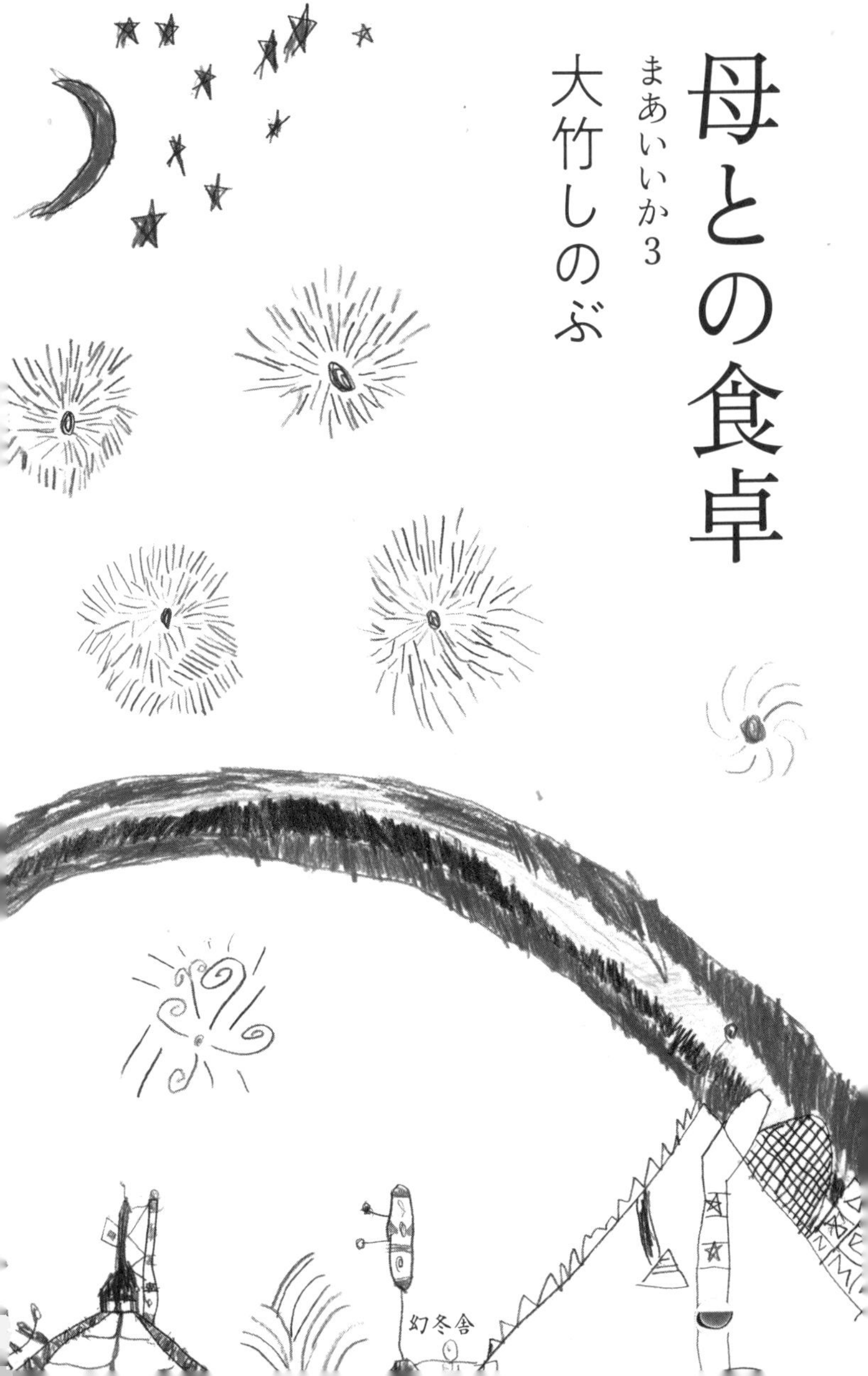

幻冬舎

母との食卓

まあいいか3

Y君と二千本の麦

東京、新橋演舞場2017年8月公演「にんじん」が、無事千秋楽を迎えることが出来た。なかなかゆっくりお話しすることも出来なかった劇場付きの大道具さんたちともお別れだ。

演舞場に立つのは30年前の「ガラスの仮面」、昨年の「三婆《さんばば》」に続いて3回目。30年前も一緒だった大道具のみんなとも、サヨナラの時に抱き合った。今度逢《あ》えるのはいつだろう？

そんな中、大道具さんの一人、昨年の11月「三婆」にもいたY君がいた。「三婆」での三幕が上がる前のほんの1、2分、スタンバイしながら、大道具さんたちと他愛のない話をするのが日課だったのだが、その中に21歳のY君がいた。「昨日は何してたの？」「飲んじゃいましたねぇ」「今日は何するの？」「飲んじゃいますねぇ」「他にやることないの？」「やっぱり朝まで飲んじゃいますねぇ」「えー、そんなのダメだよ。時間勿体《もったい》ないよ。仕事が嫌なの？」「いやぁ、そんなことはないけど」。そんな会話の繰り返しだった。千秋楽の日、私はY君に言った。「あ

のさ、私、来年の8月にまたこの劇場に戻ってくるから、それまでは頑張りなよ。他にも楽しいことみつけてね」

　そしてそれから9カ月、久しぶりに見た彼の顔は、なんと明らかに違っていた。ある日、居酒屋さんでその話をしてみると、思ってもいない答えが返ってきた。

「しのぶさんに言われたから、オレ、頑張ったんです。8月まで、8月まで何とかしなくちゃと思って頑張ってみたんです。そしたら仕事がどんどん面白くなって、責任のあることも任されるようになって、だからしのぶさんのお陰なんですよ」と、瞳をキラキラさせて話してくれた。彼は、週に一度ある次の休みに客席からこの芝居を観《み》るという。自分が関わっている芝居を観るのは初めてらしい。

「どうだった？」「凄《すご》かった。感動しました。自分たちが動かしているセットに明かりが入る。一生懸命、一本一本作った二千本の麦、全てに感動しました」「すてきだね。自分の仕事が、自慢だよね」。もちろん私の言った言葉だけが支えだった訳ではないが、Y君の輝かしい未来に少し役立てたとしたらこんな嬉《うれ》しいことはない。

　千秋楽、一生懸命セットをバラしていた彼が、真《ま》っ直《す》ぐ私のところに走ってきて、手を差し出した。「しのぶさん、待っています。俺、もっと頑張りますからもっと凄くなりますよ」「うん、私も頑張るよ」。私たちは固く握手を交わした。

母の娘で、娘の母で

私は母に甘えた記憶があまりない。TVドラマに出てくる親子のように腕を組んで買い物に行ったり、「お母さん大好き」と言って抱きついた記憶もない。

母はいつも忙しそうに働き、一日一日を精いっぱい生きているのが、子供心にも分かっていたからかもしれない。夏休みの家庭科の宿題でワンピースを作ったり、眠る前のほんの少しの時間、始めたばかりの編み物のやり方を聞いたりするのが、唯一母に甘えることが出来た時間だった。教えてくれる時の母もとても嬉《うれ》しそうだった。

そして私の娘も同じように、私に対して甘え上手ではないようだ。幼い頃は、私のスカートをつかみ、常に半径50センチのところにいた娘。でも私はその手を離し、仕事に行かなければならなかった。いつの間にか、彼女は私のスカートをつかんでいたことすら記憶の中から消え、大人になってゆく。

女優であると同時に、良いお母さんでもありたいと必死になってやってきたつもりでも、子供なりに寂しさはあったのだろうなと、最近になってふと思う。

私は今、舞台の公演中で大阪にいるのだが、昨晩友人との電話で「そういえば、いまるちゃん、休みが3日ほど取れそうだから、どこかお薦めの場所はありますかって、聞いてきたよ」。何気《なにげ》なく言った友人の言葉に、ショックを感じている私がいた。

何故《なぜ》だろう？　何故、私に聞かないんだろう。今は忙しくて、大変だからと思って気を遣ったのだろうか。いつも、いつも、仕事をしている私に甘えられずにいたのかと思ったら、涙が出るほど、悲しくなった。

お母さん、どうしたらいい？　お母さん、今日はこんなことがあってね……。今度のお休みにしようね。

そんな会話も出来る限りやってきたはずだけれど、子供の心は、無限に愛を求めていたのだろう。が、少し考えて、それも良しと考え直してみる。親がいなかったら、きょうだいや友人、色々な人の力を借りて、生きてゆく力を養ってゆくのだ。それが人生なのだ。自分で切りひらいてゆくのだ。

そして、今のあの子がいるのだと思う。親に愛されていないにんじんという少年

私のスカートをつかんでいた
幼稚園の頃の娘と

舞台「にんじん」最終景の麦畑。
2カ月間、ここで走りまわりました

役を演じているから、親の愛を求めることに、敏感になっているのかもしれない。帰ったら久々に子供たちが大好きなカレーを作ろう。

母から届いたハガキ

また一つの芝居の幕が下りた。還暦の記念に私が少年役を演じたミュージカル「にんじん」の再演の舞台。6月末に始まった稽古から2カ月半、「にんじん」として過ごした何とも言えない愛《いと》しく、切ない時間はもう決して戻ってこない。その間にテレビドラマの撮影も並行してあり、休日は全くない状態だった。

正直、今日のことを考えるのが精いっぱいの毎日だった。より良い状態で芝居をすることだけに集中し、あとは眠ること、食べること、身体のメンテナンス、それ以外は何も考えられなかった。愛犬の散歩すら満足にしてあげられず、可哀想な思いをさせてしまった。

1カ月間の東京公演の後、10日間の大阪公演を終え、帰宅したのが夜の10時。やっと終わった。何とか無事にやり通すことが出来た。よく頑張ったね——。自分にそっと呟《つぶや》く。

洗濯も、留守中の郵便物のチェックも明日にしよう。とにかく終わったのだから、ゆっくり眠ろう――。やり遂げた充実感と疲労感と、そして全てが終わったことの淋《さび》しさと……。この気持ちの納まりどころが見つからず、お風呂の湯をはり、なんだか淋しくて泣きそうな顔で明日の準備をしていると、机の上の一枚のハガキが目にとまった。

それは母が、留守中の私に宛てたハガキだった。丁寧に切手まで貼ってある。

「お疲れ様。大変でしたね。身体は大丈夫ですか。舞台は面白かったです。しのぶは本当に子供に見えました。こちらは元気です。いつもありがとう」。たったそれだけだったが、私は胸がいっぱいになった。

車椅子の席を取り、一番後ろから今回の芝居を観《み》てくれた母。記憶に残ったのは、私が本当の子供のように小さく見えたということだけ。私の姿が見えないことを不思議に思い、「しのぶは今どこにいるの?」と妹に尋ねたという。

今、地方公演中だよ、と聞かれる度に答えると、その度に「しのぶは大変ねえ」と答えるという。そしてハガキを書いてくれたわけだ。くたびれ果てた私の身体は軽くなり、泣きそうだった私の目は再び輝きを持ち、明日からのエネルギーがまた湧き上がってくるのをはっきり感じることが出来た。人の想《おも》いって大事なことだな。優しさって凄《すご》い力だな。

お母さん、あなたにもらった気力と体力で、また一つの仕事をやり終えることが出来ました。明日からまた全てのことを乗り越えてゆけるよ。ありがとう。おやすみなさい。

男の子になっちゃった⁉

「演じている時は、その人物に100%なり切っているのですか?」。インタビューの時によく聞かれる質問だ。「いえ、いえ、いえ。なり切ることなんて出来ません。演じている自分を冷静に見ている自分は必ずいます」と答える。魔法使いじゃあるまいし、違う人間になれるはずなどありません。が、しかし、私の身体の95%くらいを占めるその役の人物が、思いもよらないことをしでかす時がある。それがまた面白いのも確かだ。

あー、こんな声を出すのかとか、えー、こんな動きになるのかとか……。集中力が一番高まる本番に、台本にも、自分の頭の中でも描かれていない何かが突然に、ヒョイと顔を出すことがある。

例えば、マクベス夫人が罪を犯したことの恐怖で錯乱しているシーン。突然身体が震え出した。人を殺すシーンで笑いが止まらなくなったり、手錠をはめられ、取調室に向かうシーンで足が鉛のように重くなり、本番で突然、足を引きずって歩き出したこともあった。演技をする上で、心情から肉体への表現の道をたどる時もあれば、逆の場合もある。分かりやすく言えば、嬉《うれ》しいから走り出す。走っていたら心も嬉しくなる。といった感じか……。

最近も、とても変わった肉体の変化を体験した。この間まで演じていた「にんじん」でのこと。私は14歳の男の子を演じていたのだが、毎日毎日演じているうちに、自分の身体の中に妙なものを感じるようになる。恐ろしい母親に呼ばれた瞬間や、家出をしながらも迎えに来てくれた父親の元へ戻ろうと決意するシーンに時々突如として現れる、私の身体の変化。それは何と「おチンチン」だった。あ、男の子って、ここでこんな風に感じちゃったり、よりどころになったりするんだ。と、ざっくりした感触なので(当たり前か)上手《うま》く言えないが、私は確かにそれを感じていた。

そんなある日、日頃からお世話になっているマッサージの施術中でのこと。2カ月ぶりに私の身体に触れたその方が、首を捻《ひね》っている。どうもいつもの私の身体ではないという。彼女の手が止まり、こう言い始めた。

「あのう、変なことを言ってもいいですか？　何かここに異物みたいなものがある気がして」私がすかさず答える。「あのう、オチンチンですか」

思わずその人の手を取ってブラボーと叫びたくなった。そうなんです。私もこの2カ月間感じていたものなんです。お互いにお互いを褒め合って、笑い出した。人間の身体って面白い。お芝居って面白い。勿論《もちろん》、芝居が終わった途端、私の身体の異物はどこかへ消えていった。

涙がちょちょ切れるぜ

息子が小学1年の時から、家族ぐるみの付き合いをしているお寿司屋《すしや》さんの女将《おかみ》である美由紀さんと「お互いに還暦だし、子供たちと旅行もなかなか行けなくなるだろうから、来年は絶対みんなでどこかへ行こう」とスケジュールを決めたのは、確か去年（２０１６年）の12月のことだった。

子供たちにも9月のこの連休は空けておくように言ったはいいもののホテルを押さえるでもなく、２人とも日々の様々なことに追われ時間が過ぎた。結局はどこも取れず、みんなで何度も一緒に遊んだ軽井沢にある我が家の別荘へ。息子の友人も入れ、総勢10人で向かうことに。

美由紀さんの娘さんのゆきちゃんも、仕事先の大阪からやって来た。が、着いた途端「さぁ、久しぶりの休みなんだから、少しお昼寝でもしたら」と2人は、かなり強引に私をベッドまで連れて行く。私は、やや風邪気味だったこともあって、1人ベッドへ。

あー、でも、お茶ぐらい、いれてあげなくちゃ。ビールでも飲みたいんじゃないかな。と、思うけれど、身体がベッドに沈み込んでいくような感覚に襲われ、起き上がる気力が出ない。ウトウトと眠り始め、気がつくと外はもう暗くなっていた。

いけない、もうお夕食の準備をしなくちゃと、リビングに向かうと、息子の友人が私にビデオカメラを向けている。何のこと？　見ると、テーブルには用意してくれたお夕食が並び、庭を見るとまるで、外国のクリスマスのように飾り付けが。

紙で出来た大きくて綺麗なバラも、
もらいました

いる。

綺麗《きれい》な白い電球がチカチカと美しく光り、沢山《たくさん》の手作りの赤い花が木に飾られている。

夢みたいだ。私が眠っている間に、みんなで飾り付けをして、サプライズで私のお祝いをしてくれるというのか？

「え、だって、だって、この間の還暦パーティーに来てくれたじゃない」と、私が言うと「あれはあれ、これはこれ。自分たちでやってあげたかった」と言う。

なんて優しいんだ、涙がちょちょ切れるぜ。

ゆきちゃんは電球を買い、赤い花（ティッシュを何枚も重ねて折る、あのお花です）を折り、海外に行けるほどの大きなトランクに詰めて大阪からやって来てくれた。大切な仕事の仲間たちと盛大に開いたパーティーも嬉しかったけれど、赤い紙で作ったお花や電球で飾られた小さな庭で一緒に育ってきた子供たちに祝ってもらった還暦は、忘れられない夜になった。

息子の友人からもらった赤いスカーフと、息子にもらった赤いお財布。勿体《もったい》なくて、死ぬまで使えないかもしれない。もとい、死ぬまで使おう。

幸せで幸せで、ただただ幸せな夜だった。

たーさまの夜

昨夜のこと。知人と友人のお寿司屋《すしや》さんへ行った。

カウンターが10席で右隣に知り合いの家族連れが4人、左隣にこれまた顔なじみのお二人。時折大将や女将《おかみ》の美由紀さんとも会話しながら、それぞれ食事を楽しんでいた。と、グラスに注がれた赤ワインが私の前に。

「○○さんからです」

見ると右端で座っていらした、いかにもお金持ち風な、いかにも愛人っぽい若い女性を連れた、私と同世代くらいの男性が全員にワインを振る舞っている。「美味《おい》しいワインなので、みんなで楽しみたい」と。

まぁ、なんて太っ腹。うーむ、何だか高そうなワインだ。と、そこから男性の自慢話が始まった。

仮に彼を「たーさま」と呼ぼう。たーさまは凄《すご》いお家と別荘を持っていて、写真まで見せてくれる。私と知人は「凄いですね」と盛り上げる。するとますますエスカレートして「年にロマネコンティを何本も空ける」だのと、たーさまはのたまう。

私は「何でそんなにお金を使うのですか？」と質問。たーさまは「お金で全ての幸せを摑《つか》める」と、またまた嬉《うれ》しそうにのたまう。

「その考えは絶対に間違っています」と、高級ワインのせいで少し楽しくなってきた私も負けずに応える。たーさまも言い返す。お互い思っていることを言い合い始めた。

続いて、たーさまは一夫多妻制を主張する。私は「くだらないです。本当に人を好きになってないからそんなことが言えるんです」と応える。

隣の家族連れのパパが静かに「多くの女性を知っている人より一人の人を深く愛する人の方がより女性を理解出来ている」と金言を言ったもんだから拍手喝采。それでも、たーさまは一夫多妻制を主張する。

彼の可笑《おか》しいところは、本当に楽しそうに自慢するから、こちらもなんだか可笑しくなってくる。外にはロールスロイスが待っていて、運転手さんがドアを開け、若い彼女と楽しそうに帰っていった。

劇団を作り上げ、今必死になっている私の知人が「そのお金で演劇や映画や芸術をサポートすることはお考えにならないのですか？」という質問に「いくらでも、何でも言って」と。愛人やら高級ワインもいいけれど、他にもお金の使い道はあるだろうと、今度会ったら、ワインを奢《おご》られず真剣に話してみよう。

締め切りは守ります。

このコラムを書き始めてから早いもので、4年半が経つ。

私にとって、この喜びの時間が持てるようになったのは、実は演出家である蜷川幸雄さんのお陰なのである。

2013年にスタートのこの欄、実は蜷川さんが書くはずだったのだが、体調を崩され、急遽《きゅうきょ》ピンチヒッターを探さねばならなくなった。「僕の代わりは、大竹さんにお願いして」と、たっての希望で（あったかどうかは分からないが）蜷川さんのお願いならばと、私自身初めての新聞連載がスタートしたのだった。

その後、体調が戻った蜷川さんが「しのぶちゃん、上手《うま》いよ、俺は一番いい読者だよ。やっぱり俺は正しかった」と、嬉《うれ》しそうに話して下さったのがつい昨日のことのようだ。

このコラムの校了時間は、前日の木曜日の夕方である。が、が、が、私がこの校了時間がなかなか守れない。

これを書いたら、編集者さんから怒られそうだが、このコラムが初めて本になった時に対談したリリー・フランキーさんの言葉が悪魔の囁《ささや》きのように、私の心に鳴り響いている。

「大丈夫、金曜日の朝で、ギリ間に合います」

（ハイ、この言葉はもう忘れます）

ギリギリに原稿を出すので、チェックするのが本番中だったり、稽古の5分休憩時間であったり、それでも何度も細かく、私と編集者さんの間でやり取りが行われる木曜日のスリリングな時間。

決められた時間の前に校了した時は、編集部みんなの間に拍手が起こったというから、本当に申し訳なく思い、それからはなるべく守れるように日々努力しています。

ハイ、本当です。

父が、新聞広告の裏を使って、日々感じていることを書き留めていた「友と一夕相語るの記」。祖父が書き留めていた「日々の糧」。それなのに私は「まあいいか」。とは言え、その「まあいいか」がこの度、またまた出版されることになりました。

もうすぐ「まあいいか2」が本屋さんに並ぶことになったのです。

本当に、本当にありがたいことです。

本が大好きな父がいたら、どんなに喜んだでしょう。

会ったことのない祖父は何て言ってくれたでしょうか。

正直に、飾ることなく、友と語りたいこもごものことを、毎日の糧になるような喜びをこれからも書いてゆけるよう日々生きてゆきます。

あっ、大事なことを忘れていました。

時間は守ります。

なんだろう、この楽しさは！

イギリスの演出家、フィリップ・ブリーンとの楽しい日々が、再び始まった。2017年12月8日から幕が開く舞台「欲望という名の電車」の稽古がスタートしたのだ。2年半前、同じテネシー・ウィリアムズの作品「地獄のオルフェウス」で彼との素晴らしい出会いがあり、ぜひもう一度という願いが実現したのだった。

蜷川幸雄さんの演出で演じたブランチ役に15年の歳月を経て、私は再び挑戦することになった。抑えようとしても抑えられない欲望、人としてこうありたいと思うはずなのに、上手《うま》く生きてゆくことができないブランチ。切なく、美しく、そして悲しい。読めば読むほど、胸に突き刺さってくる戯曲だ。

最初の1週間はテーブルディスカッションという、台本の解釈に費やした。フィリップの一つ一つの細かい解釈に、私たちは叫びたくなるほど、興奮する毎日だった。まるでテネシー・ウィリアムズの心の中を旅している喜びに、震えが止まらない。

また、翻訳劇なので英語と日本語との細やかな確認作業も続く。

例えば簡単なことだが、「グレイブス先生」という名前を聞いて何をイメージするか。

私たちは正直、すぐにはピンと来なかった。が、「グレイブ」すなわち「お墓」のイメージを持たせる名前であること（その2ページ後に、ブランチはお墓の話をしている）。一言、一言、翻訳の小田島さん、役者たちとのディスカッションが続く。英語と日本語の台本を前に、私たちはまるで学生のように必死に、一言、一言解釈してゆく。毎日6、7時間を1週間。勉強するというのは、やはり楽しいことだった。

稽古前、演出家の
フィリップ・ブリーンさんと

そして、何よりすてきなのはフィリップが誰よりも誰よりも芝居を愛していることがよく分かるということだ。私たちは、そのエネルギーと愛を受け取りながら、彼と一緒に上へ、上へと昇ってゆきたいと純粋に思うのだ。

稽古後、共演者たちといつも交わす会話……。「あー、すごいねぇ。あー、楽しいね」「なんだろうね、この楽しさは」。知るという喜び。高みへ昇ってゆくという喜び。美しいものに触れる喜び。

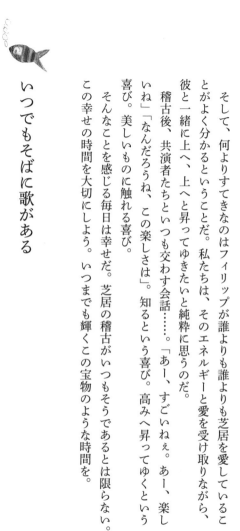

そんなことを感じる毎日は幸せだ。芝居の稽古がいつもそうであるとは限らない。この幸せの時間を大切にしよう。いつまでも輝くこの宝物のような時間を。

いつでもそばに歌がある

自分の宣伝ばかりが続いてしまい、申し訳なく思いますが……。前々回は朝日新聞出版からこのコラムの2年分をまとめた「まあいいか2」。次に東京・シアターコクーンで幕が開く舞台「欲望という名の電車」のことを2週で書きました。

それに続く今回は、私の久しぶりのアルバム「ち・ち・ち」の話。大好きなアーティストの方に曲を提供して頂き、舞台やドラマの合間を縫って、1年がかりでやっと完成しました。

朝のテレビ小説「水色の時」というドラマで、私の父親役だった米倉斉加年さんがおっしゃった「しのぶちゃん、これから役者をやってゆくなら、三つの〝ち〟をずっと忘れないことだよ。知性のち、幼稚のち、白痴のち。分かるね」。アルバムのタイトルを決める時に、40年ほど経ち、ふと思い出しました。子供にもなれて、狂喜を演じられる。勿論《もちろん》知性がなければ、それを理解することは出来ません。大切にしてきた言葉です。

世界観を話した曲もあれば、詞の細かいところだったり、アレンジで悩んだり、歌い方を教えて頂いたり、一曲一曲「歌たち」が誕生してくるのを目の当たりにして、創る過程はどんなに疲れていても心が躍るのが分かりました。

素敵《すてき》なアーティストの方たちが、ご自分で歌って送ってくださるデモを何度感動しながら聴いたことでしょう。勿体《もったい》なくて、勿体なくて。これを私が歌っていいのかと真剣に悩んでしまうほどでした。

振り返れば歌うということはいつも私の側にいました。歌うことが好きで姉や妹たちと一緒に二部合唱したり、カラオケなどない時代、打ち上げパーティーでスタッフさんに、ありがとうの気持ちを伝えたくてアカペラで歌ったり、あまりにも悲しく辛《つら》いことがあった時、車の中で涙をボロボロ流しながら大きな声で歌ったり。クリスマスのホスピスで患者さんたちと一緒に歌った「きよしこの夜」。東北の病院で、小さな声で、目にいっぱい涙を溜《た》めて、声にはならないけれど、確かな声で歌っていたおじいさんの美しい歌う姿、忘れられません。これからも歌を通して、私の思いを伝えてゆけたらと思っています。歌は祈りだと思うから。

一日一日、積み上げて

ある日のこと。ふと見ると庭の小さなテーブルに見覚えのある赤いガラスのお皿が置いてある。あ、こんなところにあったんだ。先日、兄が食器棚の隅に置いてあったそれを灰皿にしていたのだ。

「もうお兄ちゃんたら……」。急いできれいに洗い大切な物を置く場所に飾った。今まで忘れていてごめんなさい。それは30年以上前、母がヨーロッパ旅行した時の私へのお土産だった。親類の人の会社で、教職に就けなくなった父は倉庫の管理、

母のお土産のベネチアングラス

母は社宅の家事を手伝いながら生計を立てていた。その中で社員旅行の旅費を積み立てて、イタリア・ドイツを廻《まわ》ってきた。少々高額な買い物だっただろう。少し自慢げに私に渡してくれたベネチアングラスだ。

「すごいねぇ、お母さんはヨーロッパにも行ったことがあるんだね」。「そうよ、フランクフルトやローマやハイデルベルク」と、嬉《うれ》しそうに今でも話題に上がる。行った場所も行ったことのない場所も、母の記憶の中ではあいまいだ。母が一人で外に出られなくなったのはいつからだろう。掃除することも、大好きな洗濯も出来なくなったのはいつからか。街で元気なお年寄りを見る度に、ついつい考えてしまう。

そんな時、母の主治医の老年医学の大蔵暢先生がメールをくださった。「お母様のことを書いてみました」という先生の記事が添えられていた。「95歳になる私の患者さんは今も家族のために食器を洗います。きちんと洗えていないかもしれないが、それでいい。そこに自分の存在価値を見出《みいだ》せるのですから。アドラー心理学では、幸福とは貢献感であることと位置づけています」と。

稽古場から大きな荷物を抱えて帰って来ると、荷物を持ってくれることは出来なくなったが、「大変ねぇ」と出迎えてくれる。デイケアに送り出す母の手を私が軽く握ると、数回握ってから「ハイ、ハイ、今日も頑張りますよ」。力強く握り返す。

この日常の何とも言えない時間は、前はこれほど大事な時間とは思わなかった。母に出来ないことが増えても、その分、私達には沢山《たくさん》のことを教えてくれる。「さぁ、今日も頑張りますか」と一生懸命、食器を洗う母を見ながらこの人の娘であることを誇りに思う。

先生の記事にあった。「老いるとは失うことではなく、積み上がることなのです」。今日も母の一日が積み上がってゆく。そして12月8日から始まる舞台初日に向かって、私は私で一日一日積み上げてゆこう。

フィリップとの宝物の時間

脳内メーカーというソフトがある。名前を入力するだけで、その人が今何を考えているかが分かる。

欲、金、遊、食、悪、さまざまな言葉でその人の脳内があからさまになってしまうというものだ。今、私の頭の中はおそらく、欲望、欲望、ブランチ、ブランチの文字で埋め尽くされていることだろう。この6週間、一日8時間近く、必死にみんなで作り上げてきた舞台「欲望という名の電車」が、いよいよ8日に幕が上がる。

初めて私が舞台に立ったのは、18歳の時だった。まるで遊園地に遊びに来た子供のように、全てが新鮮に感じ、芝居をすることが楽しくて、楽しくてたまらなかったあの時の自分を思い出す。芝居を好きという気持ちは何一つ変わっていないつもりだった。終演後、「あそこは、あぁだよね」「あれはこうすれば良いよね」と芝居の話をするのが、何よりも幸せだったし、大袈裟《おおげさ》ではなく生きているという実感が持てる時間だった。

イギリスの演出家フィリップ・ブリーンと作り上げたこの芝居の幕がいよいよ上がるという今、この6週間の宝物のような時間を振り返る。芝居以外、何もしていない気がする。友人とのおしゃべり、子供たちへの食事作り、母の世話、犬の散歩、その何もかもをする時間もなく、正直、心に入ってくる余裕すらなかった。これが芝居を作るということなのだと初めて分かったような気がする。まだまだだ。まだまだ足りない。もっと、もっと高みへゆけるはずだ。

テネシー・ウィリアムズの世界に、フィリップたち（音楽、美術の方もイギリスからいらした素晴らしい人たちです）のイメージに近づきたいと心から思う。あと一年ぐらい、稽古をやっていても飽きないと言える程、深く、魅力的な芝居と向き合ってきた。

まだまだ足りないところも沢山ある。それでもブランチの心が私の身体の中に潜み、早く早く外に出たがっているのを感じる。さあ、もう幕は開く。ブランチを劇場で観《み》てもらうために。

ちなみに私の脳内は、悩、悩、悩で埋め尽くされ、その「悩」を「愛」が取り囲んでくれています。

久しぶりにブチ切れた

ブチ切れた。久しぶりにブチ切れた。

前に怒りの感情を露《あら》わにしたのは、7、8年前のことだ。どちらかと言えば、まあいいかと思う方《ほう》で、多少のことがあっても、ちょっと我慢すれば丸く収まるとか、そんな考え方もあるのかと、思考をチェンジできる方だった。が、今回は違った。

それは、今公演中の舞台「欲望という名の電車」のゲネプロでのことだった。初日の前日、全て本番通りに進めるゲネプロは、スタッフも役者もかなり緊張する大切なものだ。

一幕一場、音楽が鳴り響く。私が客席から登場。その途端、カシャカシャとカメラのシャッター音。スチール撮影が入ることは知らされていた。だがシャッターの回数がまるで記者会見のような感じなのだ。いわゆる激写である。

繊細なシーンでも止《や》むことなく、その音が響き渡る。精神的に少し病んでいるブランチを演じているから余計に感じやすくなっているのかもしれないと、何度も自分に言い聞かせる。が、どうしても気になる。台詞《せりふ》を言いながらも色々と考える。友人の勘三郎さんだったらどうしただろう。「君、やめてくれないか」と途中でも注意しただろうか。蜷川さんなら怒鳴っていただろうか。

私は数十秒での早変わりで裏に入った時に、演出部の人に回数を減らしてください。シャッター音をなるべく小さくしてと告げ、再び舞台へ。結局、最後まで変わらず幕が下りた。

終演後、プロデューサーの方に、いかに辛《つら》かったかを訴えた。「前回も同じ撮り方だったのですが」と説明され、私はやや感情的になり「前回のことはわかりません。一回、一回、皆違うのです。繊細な芝居中であの音は許されるのでしょうか」。まるで弁論大会の東京都代表のようだ。

片目をつむってまあいいかも必要だが、自分の信念に基づいて、はっきり主張することも大切かもしれない。と、思わせてくれた出来事だった。

曲げられないことは、曲げられない。自分の心に嘘《うそ》をつかないことは、時に孤独であるかもしれないが、たまにはそんな時があってもいいかなと、少し感情的になった自分に反省しながら言い聞かせる。その後カメラマンの方が私の部屋に入っていらしたので、冷静にきちんと自分の意見を言った。

こういう役者もいるのでご参考までに、と。

写真は皆、すばらしいものでした。

今年も「まぁ、もうそんな歳」

2018年がスタートした。今年はこんな年にしたいなどと考える余裕もなく慌

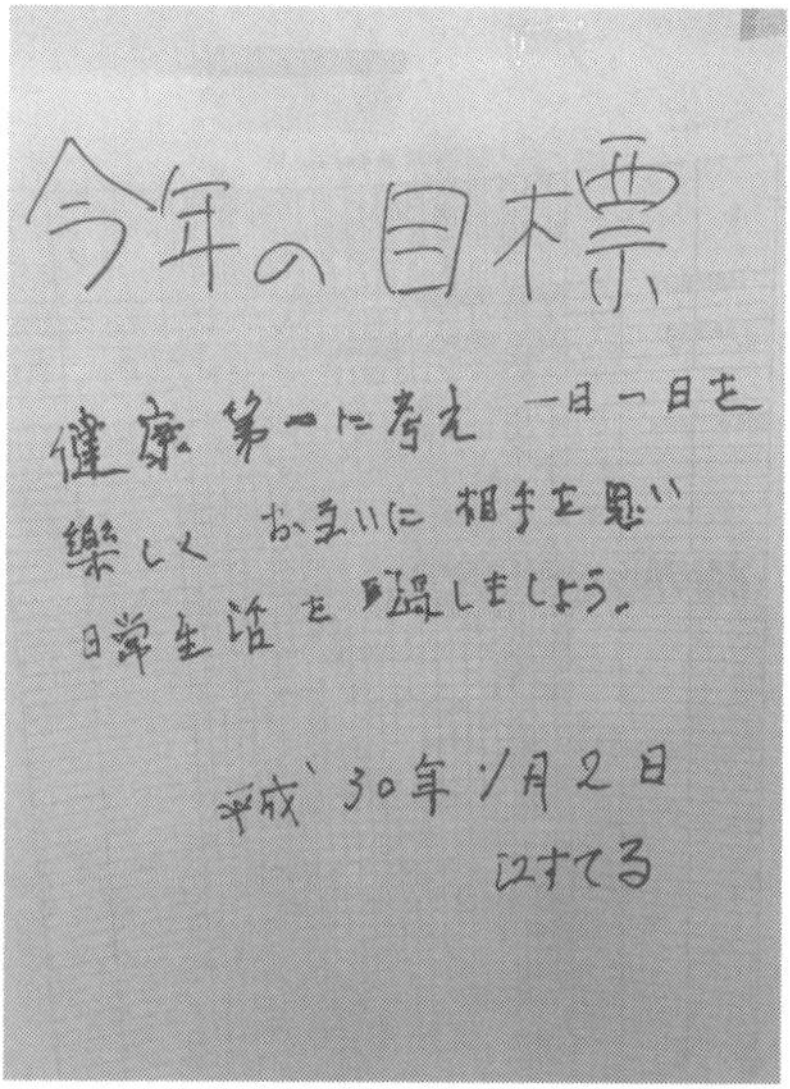
今年の目標

健康第一に考え 一日一日を
楽しく お互いに 相手を思い
日常生活を 過しましょう。

平成30年1月2日
江すてる

妹が題を書き、
母が今年の目標を掲げました

ただしく、日常が過ぎてゆく。正直に言えば仕事をしている方が余程楽かもしれない。

大晦日《おおみそか》、何となくの掃除を終え、年越し蕎麦《そば》を茹《ゆ》で、息子と95歳の母と一緒に頂く。バタバタしているうちに、もう12時。テーブルを囲み「あら、おとそは作らなかったの」などと言われながら、除夜の鐘をテレビで聴き、小さな盃《さかずき》で乾杯する。

「明けましておめでとう」「今年はもう96歳だよ」「まぁ、もうそんな歳」。これも毎年の会話。本当にありがたいことだ。

そして元日。いつもより丁寧に取った出汁《だし》でお雑煮を作り、おせちを並べ（今年は知り合いからの頂き物）、祝い箸を並べ、また乾杯。

「今年も宜《よろ》しくお願いします」「今年はもう96歳だよ」「まぁ、もうそんな歳」。数時間前にした会話をありがたく繰り返す。ここまでは良かったのだが、急に一年の疲れがドッと出たのか、身体がだるく、目も開けていられなくなる。息子に「おばあちゃんを時々見てあげてね」と頼みベッドに入り泥のように眠ってしまった。気が付けば外はすでに薄暗い。

いけない、夕飯の買い物行かなくちゃ。サボって買い物に行ってなかったので、今晩のすき焼きの野菜がない。大晦日、元旦と仕事だった娘が、すき焼きを楽しみに帰ってくる。何とか起き上がり、30年以上通い慣れているスーパーへ。

家族連れで元日のスーパーは賑《にぎ》やかだ。これからまたご飯の支度かぁ。やや憂鬱《ゆううつ》になってくる。15分ぐらいなら大丈夫だろうと、気分転換に近くにある親友のお家(例のお寿司屋《すしや》さんです)に。

「何、元日からスーパーに行ってるの？　もうやめよう、そういうの」。そう言う彼女もエプロンを着けたままで、髪もボサボサだ。お化粧っ気もなく手はガサガサ。右に同じ。

「来年こそ、優雅にホテルかなんかで過ごしたいね」。ぶつぶつ言っている私達に「ねぇ、2人共、毎年同じこととして、同じことを言ってるよ」。そう言って、彼女の娘さんが紅茶を入れてくれた。何だか私は泣きそうになりながら、カップを握りしめて、その温かさを味わった。こうやって母も重い身体を引きずりながら年越し、お正月の準備をしてくれていたのだろう。

一杯の紅茶で元気になった私は、美味《おい》しいすき焼きをみんなでいただき、幸せな元日の夜を迎えることが出来た。めでたしめでたし。

欲望という名の完全燃焼

「ロス、ロス、ロス」「欲望ロス」「何も出来ない」。次々に、グループＬＩＮＥに淋《さび》しさの呟《つぶや》きが。勿論《もちろん》、私も。

　昨年10月23日から稽古が始まり、一場面一場面、一言一言、繊細に皆で作り上げた舞台「欲望という名の電車」の大阪公演での大千秋楽を無事に終え、帰京した翌日の話だ。千秋楽前日の打ち上げの写真や楽屋でのオフショットを送り合ったり、とにかく皆が懐かしさを、淋しさを共有し合った。昨日まで、毎日毎日一緒だった仲間だったのに……。抜け殻のようになった自分がいる。

　打ち上げは、劇場近くのレストランで。ラスト1回に向けて、共に歩んできた仲間と最後に交わす乾杯は、嬉《うれ》しくもあり、淋しくもあり、清々《すがすが》しく、美しいものだった。

　パーティーの終盤、突然サプライズで、私を除くキャストの皆が、歌のプレゼントをしてくれた。題して「大竹しのぶの凄《すご》いとこー」。ビートボックスで、素晴らしいリズムを口で鳴らし、ラップ調で一人一人が面白おかしく、私との思い出を語るというものだった。

(ラップ調で)私は見たの♫　私は見たの♫　大竹しのぶの凄いとこ‼

「ある時、私が台詞《せりふ》を忘れていたら、しのぶさんがボソボソと私の台詞を教えてくれたんだけど、あまりに声が小さくて、えっ、えっと何回も聞き返し、余計に変になっちゃったぁー。イエッ、イエイ」

私は見たの♫　私は見たの♫　大竹しのぶの凄いとこっ！

「この女、大竹しのぶは、上演中にど・ら・焼・き、食べてたよお。イエーイ」

と、こんな調子で会は盛り上がり、最後の締めの言葉は、舞台監督の幸光順平さんが。彼は15年前の「欲望という名の電車」で初めてこの仕事に就き、「順平、順平」と皆に可愛がられていた若者だった。あの順平が舞台監督だなんて。

「世界中で今、この『欲望』が上演されていることでしょう。でも僕たちが作ったこの『欲望』が世界一です。間違いありません。ラスト1回、頑張りましょう。乾杯！」

そうなのだ。私たちそれぞれが、それぞれの立場で誇りを持って、この時間を共に生きてきた。だから、その仲間で交わす乾杯は美しいのだ。

そして千秋楽、全てが消えていった。順平がサプライズで私たちキャスト、お客様のために用意してくれた美しく舞台上に舞った紙吹雪と共に――。

ありがとう。

御恩返し、できゃしませんが

今日は母の訪診日。

舞台公演があったので、私が付き添うのは久しぶりだ。このところ母は、かなり調子が良い。食欲もあるし、よくおしゃべりをし、よく笑う。

先日の血液検査の結果を見ながら先生が、「調子良いですね、江《え》すてるさん。こうなったら、百歳まで頑張れますね」と仰《おつしや》った。

「まぁ、皆さんにご迷惑を掛けながら、支えられて何とかやっています。でも、御恩返しは……」「御恩返しは?」「できゃしませんよ」

この言葉に、私たちは大笑い。「元気でいてくださることが御恩返しですよ」

「御恩返し」。久しぶりに聞く、素敵《すてき》な言葉だ。

そんな日の夜、10代の頃からお世話になっているTVプロデューサーの石井ふく

洗濯物を畳むのは母の日課です

子さんと女優の奈良岡朋子さんとお食事に出掛けた。石井さんは91歳、奈良岡さんは88歳だが、お二人ともバリバリの現役である。

3人のスケジューリングは、奈良岡さんがしてくださり、お店は石井さんが予約してくださった。御恩返しどころか、10代の頃と同じように面倒をみてもらっている私がいる。

美味《おい》しい食事を頂き、芝居の話や、昔話のあれこれを聞いているのは本当に楽しく、あっという間に時間が流れる。

途中、ウェーターさんを呼ぶ時も石井さんがパッと立ち上がり、私はいつも一歩遅れる。2回目も、3回目も石井さんが早かった。

タクシー代ぐらいは自分でと思うと、乗った瞬間、石井さんはもうチケットを握りしめている。またまたやられた。

「お二人とも凄《すご》いです」。私は素直に驚きの声をあげる。「あなたなんて、まだまだひよっこよ」。ひよっこだと思うとおかしなもので、少し嬉《うれ》しくなってくる。

初めて奈良岡さんの舞台を観《み》た時、感動して椅子から立ち上がれなかったことを思い出した。

「私はあなたより長く生きているんだから、少しはちゃんと出来なくちゃね。でも私だって、まだまだと思いながらやっているのよ」

あれから40年の歳月が経っても、ひよっこの私はお二人の周りをウロウロしているだけだ。別れ際「これ、私の書いたコラムが本になったので、読んでください」とお渡ししたら、「面白いの？」と聞かれてしまった。

「お二人のように一生懸命仕事をして、生きてきたことを書いた本です。御恩返しはまだできていませんが」と言いたかったが、言えなかった……。

ねぇ、あの、すみませーん

「ジョン、何してるのこっち」「ジョン、何度言ったらわかるの」「ジョン、気をつけて、ジョン、ジョン、ジョン」

今の現場で、私は一日に何度もこの名前を耳にする。

撮影初日、どこに外国の方がいるのかと捜してみたらなんと、ジョンの正体は、お隣の韓国から日本の映画を勉強しにやってきた青年ジョン・ユルさんのことだった。

彼はアシスタントカメラマンでピントを任されている。カメラから私たち役者までの距離を測りピントを合わせる。

一つの場所でじっとしている訳ではないので、その度にピントが合わなければ、いわゆるピンボケになってしまう重要な役割だ。

でもジョンは時々失敗をしてしまう。が、とても穏やかで礼儀正しい。

メジャーを俳優の顔の前に延ばしてきて、「失礼しましゅ」「ありがとうごじゃいます」。常に真剣だ。7年もいる割には、たどたどしい日本語だが、そこがまた可愛らしく憎めない。

「ジョン、頑張れ」と、私まで自然にジョンと呼べる。名前とは不思議なものである。名前を知り、その人の名を呼ぶことでいきなり、距離が縮まる。

そんな私は実は、夫の名前を呼べずにいた。一人目の時も、二人目の時もなぜか恥ずかしくて「ねぇ」とか「あの」とかで切り抜けてきた。

ある日の渋谷の交差点でのこと。私は仕事に、彼は（一番目の夫です）家に帰ることになり、別々の方向へ。と、家の鍵を私が持っていることに気付いた。

鍵を渡さなくては。交差点を急いで走り渡る大勢の人たち。ずんずんと遠ざかる彼の後ろ姿。呼び止めなくては。でも、恥ずかしくてなかなか呼べない。

「あ、あのー」。あのーじゃ気づいてくれない。

「あのー」。私は大声で叫んだ。次に出てきた言葉は「すみませーん」。

そんなことを考えていると私の側にジョンの後輩が立っていた。

「名前なんて言うの？」「僕はガクです」「ガク、どんな字なの」「音楽の楽です」

「へぇー、素敵《すてき》な名前だねガク君。楽しく生きなくちゃね」

愛に包まれてつけられた名前。愛をもって呼ばれる名前、名前って素敵だな。私は結局一度も呼べなかった夫の名前を小さく呟《つぶや》いた。

私たち、急ぎ過ぎかなぁ

長男の二千翔《にちか》は穏やかな性格である。苛《いら》つくこともなければ感情を露《あら》わに怒ることなど滅多にない。殆《ほとん》どない。いや、全くない。本人は現実主義だから、そういう時間が勿体《もったい》ない、と、よく分からない説明をしてくれる。

そんな息子の誕生日、親しい友人家族（例のお寿司《すし》屋《や》さんの家族です）と近所のしゃぶしゃぶ屋さんでお祝いすることになった。お店を予約し子供たちが小さい頃からお祝い事の度にお願いしているケーキ屋さんにも注文でき、ギリギリでプレゼントを買いに行く。あー、私のやることはいつもバタバタでギリギリだ。

なんとかプレゼントも決まり、包装して頂く。うーん、かなり丁寧だ……。イライラ。ゆっくり、ゆっくり包んでくれる人の指を見ながら、心の中で「早くしてぇー」と叫ぶ私。ダメだ、ケーキを取りに行く時間がない……。仕方ない、この際、本人に取りに行ってもらおう、それしかない。

「……わかった」。彼は、大概のことは引き受けてくれる。

さあ、何とか、全てが揃《そろ》い、しゃぶしゃぶだぁ。33歳かぁ、早いなぁ。が、なかなかしゃぶしゃぶが出てこない。つき出しと、ほんの少しのお刺し身もあっという間に無くなってしまった。「遅いなぁ、これはいけないよね」「混んでる?」「いや、それほどでも」「まだ慣れていない人なのかなぁ」。空腹なのでみんなイライラし始め、待つこと1時間。それでも長男は、じーっと穏やかに現実を受け止め、予約を取る時間を10分ずつくらいずらせば、皆がもう少しスムーズに行くのでは? などと言って分析する。

やっときたしゃぶしゃぶ。一緒に持ってきて下さいと最初にお願いしていたご飯も持ってきてもらえず、あくまでもご飯と一緒に食べたい息子はじっと待つ……。

もうここには来ないかも、と怒っていた友人のご主人の顔がなんか妙だ。見ると、

33歳。これからも変わらず、
優しく穏やかでいてください

ええ、差し歯が取れて無くなっている。「幸雄さん、歯、歯、歯」。これには、みんな大爆笑。全員で必死に捜したが見つからず、大笑いの誕生日になった。イライラした時間はやはり息子が言うように、勿体ない時間だった……。

　そういえば、ケーキを受け取るのに、随分時間が掛かっていたので、「ありがとう、遅かったねぇ」と言うと、息子は一言。「何事も、そんなもんでしょ」。はい、イライラせず、そんなものでしょうと。ゆったり構えることが出来る人間になります。私たちは、少し急ぎ過ぎだなぁと反省。とにかく幸せな一日が過ぎていった。

伸び伸び、賢く美しく

　2018年2月5日、中村勘三郎さんの月命日。その日は夕方で仕事が終わったので波野家へ。お宅に伺うのも、勘九郎さんの二人の息子、七緒八《なおや》くん、哲之《のりゆき》くん（勘太郎、長三郎として去年2月に初舞台を踏んだ）に逢《あ》うのも久し振りだ。

　ピンポーン。何度となく訪れた玄関から入ろうとすると、どうも二人はどこかに隠れているようだ。「なおちゃーん、のりちゃーん、どこ？　いないの？　えー、

今日も帰ってすぐ本を読んでいる七緒八くん
（母の愛ちゃん撮影）

淋《さび》しいよう」。私は、大げさに泣きそうな声を出す。すると突然、満面の笑みを浮かべ、嬉《うれ》しそうな顔をして「バァー」と出てくる。

さぁ、そこから三人で戦いごっこが始まる。刀を持って切られたり切り付けたり、叫んだり寝そべったり、走り回っての戦いだ。これがかなり楽しく、遊んであげているのか遊ばれているのか分からなくなる。

二人の動きは、以前よりも更にエネルギッシュで、そして美しくさえなっている。これは立派な立ち回りだ。

お兄ちゃんの七緒八くんは、もうすぐ7歳。歴史に目覚め、次々に武将の名前をあげ、どんな風に強くて、どんなカブトを被《かぶ》り、どんな死に方をしたのか、夢中になって説明してくれる。

「信長の四天王はね……」。エーと、信長までは何とか分かるけど、四天王は……。オバサンは全く分からず感心するばかり。勘三郎さんの奥様の好江ちゃんが作った、美味《おい》しい食事をみんなで頂き、次の遊びは？　えー、百人一首!?

歌舞伎の演目にある六歌仙《ろっかせん》容《すがたの》彩《いろどり》の平安歌人六人を覚えてみたらという好江ちゃんの言葉をきっかけに学び始め、小野小町、業平、喜撰法師なんていう歌人の名前が次々に子供の口から飛びだしてくる。「いつの間にこんなにお勉強したの？　なおちゃん」。まずは坊主めくりからスタートだ。

札を取る度に美しい歌を大きな声で読み上げてくれる七緒八くん。弟の哲之くんは自分の番が来る度、部屋の隅で手を合わせ、坊主が来ませんようにと真剣に祈り続ける。

何年か前なら負けそうになると泣きそうだった七緒八くんは、もう泣いたりしない。私たちだってわざと負けたりしない。自分の知ってる歌になると夢中になって話してくれる。

ものを知るとは何て素敵《すてき》なことだろう。言葉を知るとは何て豊かなことだろう。何百年も前の出来事さえ手に入れることが出来るのだ。

勘三郎さんの愛すべき二人の孫は、伸び伸びと、そして賢く、美しく育っている。あー、本当に胸がいっぱいになる、幸せな夜だった。

夢と誇りとソーダ水

真面目に仕事をすることは当たり前のことだが、この当たり前のことは、なかなかにしんどく辛《つら》いことも多い。2日前にクランクアップしたドラマの撮影もかなりしんどくハードな仕事だった。

ロケ場所は、茨城、千葉、静岡と都内から離れた場所が多く、しかも夜の場面も多かったので、早朝6時から夜の12時までという日も少なくなかった。

もちろんみんな、多少なりともこの世界が好きで入ってきた仕事ではあるかもしれないが、それでも今回はかなり厳しい現場だった。きっと洗濯物もたまって、寝るだけに帰る我が家、それでも昨日は3時間眠れましたと笑って答えてくれる20代の若者たち。彼らを支えているのは何だろうと考える。

いつかカメラマンに、いつか照明技師に、いつか自分の手でプロデュースを、という「夢」かもしれない。ワンカット、ワンカットを自分たちで作っているという大きな誇りが、この辛い生活を支えているのだろう。

まだデビューして間もない頃、映画「青春の門」で、喫茶店での別れのシーンを撮っていた時のことだ。テーブルの上には、うす緑色のソーダ水が置いてある。そしてソーダ水の中には、赤い小さなサクランボが。あー、織江さん（私が演じた役名です）は、この時ソーダ水を頼んだんだ。そう思うと急に悲しくなって口に含んだ泡が広がり涙が止まらなかった。

撮影終了後、私は美術部の小道具部屋に寄り、スタッフさんにお礼を言った。

「良かったぁ、織江ちゃんがあの時何を飲むかって、ずっと考えてソーダ水にしたんだよ。監督にもＯＫもらってさ。そう思ってくれたら、俺も嬉《うれ》しいなぁ」

私たちは強く握手を交わした。

今回のドラマ撮影の最終日も、私は一人一人とあの日と同じように強く握手を交わした。10年後、同じ仕事をしている人はもしかしたらいないかもしれない。でも、今、この時必死になって一緒に仕事をしてきたものが、とにかく一つの形になったのは確かなのだ。

深夜の3時、家に戻り、お風呂に入りながら、本当にありがとう、と私は心の中で小さくつぶやいた。そんな次の日、40年以上前のその織江さんに光をあててくれていた照明のアーちゃんからメールが届く。アーちゃんはもう70歳を過ぎた。今回のドラマのスタッフさんの写真を見て、若い頃の自分を思い出したと。

みんな頑張ってるなって。頑張れ頑張れって思ったんだよと。なんだか、涙が出そうになった。

んー、やられたー！

深夜、母がリビングからしんどそうな顔をして出てきた。足が痛くて辛《つら》いと言う。この数カ月、起きると、必ず足の痛みを訴えるようになった。足湯をしたりホットタオルで温めたりしても、なかなか血液の循環が上手《うま》くいかないようだ。
「もう人間廃業だわ。あー、嫌になる」「でもきちんと歩いているでしょ。お母さんは凄《すご》いんだよ」。そう励ますと「そうね、負けず嫌いだからね。頑張るわ」。何とか眠りにつく。

翌朝、愛犬と散歩に出たときのこと。春を感じる暖かい日差しの中、向こうから手押し車のご婦人が。愛犬をにこやかに見つめるので、こちらも自然に足が止まる。
「こんにちは」「あらあら可愛い犬ねぇ」。目線を上げ、私の顔をじっと見つめる。数秒の、間《ま》――。「あらーイヤダァ、あなたTVで見たことがある。この辺りなの？」「はい、この近くです」「まぁ、そうなのー」。お話は止まらなくなった。

今、81歳であること。体操に出掛け、30分身体を動かし疲れたこと。毎日、散歩

我が家の愛犬バルーも
足が痛いのでサポートする
服を着ています

をして、この間はどこどこまで歩いたこと。このままだと、生い立ちまで教えてくれる勢いだ。と、突然、バッグをゴソゴソと捜し始める。写真を撮ってくれと言われるのかな。あー髪はボサボサでスッピン。まぁいいか。ところが、取り出したのは何と歩数計だった。

まるでこの世の終わりのような顔をして「えー、まだ3千歩。いつもは本当に2万歩歩いてるのよ」「わあ、凄いですね。歩かないといけませんね」。昨日の母との会話を思い出す。

話しながら、ご婦人の顔を見たら何やら歯に付いている。きっと今朝食べたであろうおひたしだろうか。言うに言えず立ち去ろうとしたその時だ、ご婦人が大きな声で言った。「あなた、ここに何か付いているわよ。ほら、ここ。白い歯磨き粉」。ヒエー。

その夜、今度は「人間廃業」と言っていた母に、私のコラムを読み「なかなかにしんどい」という文はおかしいと指摘される。んー、そうか。「に」は必要なかったか。二人のご老人に、私は完全にやられてしまった。

涙を恐れないで

1、2月の過酷なドラマの撮影が終わり、少しのんびりと旅行にでも行きたいところだが、休む間もなく来月8日に幕が開く舞台「リトル・ナイト・ミュージック」の稽古が始まった。

私にミュージカルの楽しさを教えてくれた「スウィーニー・トッド」と同じスティーヴン・ソンドハイムの作品である。演出は、ローレンス・オリヴィエ賞を四度も受賞したイギリスの女優であり、演出家でもあるマリア・フリードマンさん。彼女は才能に溢《あふ》れているだけでなく、人間的にも本当に素晴らしく、温かい人だ。

ある日のこと。私の娘役のトミタ栞ちゃんが「どうも、ママへの飛びつき方がぎこちなくて」と悩んでいる。私が「何も考えないで、走ってみて」と、二人で自主練をしていると、そこにマリアがやって来た。

「Look at me.（私を見て）」「私がママよ」「Look at me. Look at me.」と繰り返す。突然、栞ちゃんの目が涙でいっぱいになってしまう。するとマリアは、栞ちゃんを稽古場の隅に連れて行き、優しく肩を抱きながら、10分ほど話していた。

おそらく何も出来ないという悔しさ、失敗したらどうしようという恐れからの涙だろう。マリアは皆に言う。「稽古場に涙は付きものよ。恐れないで、恥ずかしがらないで、解放して。楽しんで」

次の日、栞ちゃんが「とっても怖い悪夢を見ちゃったんです。バスに乗っていて、突然私の身体が爆発しちゃうんです」。私はすかさず「それ良い夢だよ。今までの自分が消えるってことだもん。生まれ変われるんだよ」。「そうかぁ、しのぶさん、すごい。夢占い見たら良い夢だとは書いてあったんですけど。そうか生まれ変わるんだ」

稽古終了後、彼女がまたまた私のところへやって来る。
「なんか今日、私、楽しかったです。マリアにも、そう言ってきました」と言う彼女の顔は、確かに生まれ変わっていた。そう、私たちはそれぞれが、それぞれの立場でもがき苦しみ、助け合いながら何度も何度も生まれ変わる。

美しい夢は、もしかしたら稽古場で見ることが出来るのかもしれない。

あー、ごめんなさい

時々チクリと胸を刺す「後悔」という感情。針の痛みとはよく言ったものだ。その痛みの傷が消えるのに、何年も掛かることもある。あの時、ああしていれば、何故《なぜ》あんなことをしてしまったのか……。人を傷つけたり、傷つけられたり、そのどちらにも痛みは残る。心の針を抜き、そんな傷を繕《つくろ》いながら、人は何とか生きてゆく。

私は幼い頃から自分に正直に、嫌なことは嫌と言える人間になりなさいと、父に言われ育ったことが逆効果となり、嫌なことを嫌と言えず、いつもニコニコして、ハイハイと答える娘になっていた。

16歳からこの世界に入り、沢山《たくさん》の大人に囲まれる環境にあれば、それはより一層エスカレートしてくることになる。良い子ね、いつもニコニコして。などと言われるとますます良い子でいなければならなくなる。

そしてもう一つ、父が言っていた皆から愛される子にならなければ。そんな風に考えていた10代だった。

小さな小さな出来事だが、そんな私が、時々胸に刺さる後悔とは――。

デビューして間もない頃、私の担当マネジャーが、ある時から男性になった。食事をするのも、移動も、私の隣にはいつもその男性マネジャーがいた。彼は真面目に自分の職を全うし、全エネルギーをかけて、私の行動を見つめていた。

まず男性ということが私は嫌でたまらず、彼の前で次第に無口になっていった。笑うことも出来なくなった。

そんなある日、ドラマの撮影の休憩時間のこと。私は、今日こそは彼と離れ、衣装さんやメイクさんと一緒に食事に行きたい、そう思い、私は先に歩いているメイクさんたちに走り寄り、一緒にエレベーターに駆け乗った。

そこへ、慌てて私を追いかけて来るマネジャー。「どこ行くのですか」「食事に行ってきます」。彼が乗り込もうとしたその瞬間、私は信じられない行動を起こした。「閉」ボタンを押したのだ。彼の呆然《ぼうぜん》とした顔。ドキドキしながら、心の中で「ごめんなさい」と繰り返す自分。罪の意識から、私は次の日から自分の思いを口にすることが出来るようになった。

傷つけながら、傷つきながら、後悔を繰り返し、人を学んでいくのだろう。

NHK連続テレビ小説
「水色の時」に出演していた
頃の思い出です

お客様によろこんでいただけるよう
万全の身体を作り頑張ります

あの頃があったからこそ

捻挫をした。

舞台「奇跡の人」の時、ヘレン・ケラーとの格闘シーンで足をひねって以来、20年ぶりということになる。が、今回は格闘シーンでもなく、激しい踊りのシーンでもなく、朝の犬の散歩中に起こった情けない出来事。いつものようにバタバタと支度をして、慌てて家を出た直後だった。

スニーカーの紐《ひも》は解け、かかともちゃんと履けていない。靴ぐらいちゃんと履かなくちゃと屈《かが》んだ時、犬が突然走り出し、ドタッと転び、膝《ひざ》に大きな衝撃が。そのままとにかく仕事場へ。取材用の衣裳《いしょう》に着替えていると、メイクさんが「し、しのぶさん、膝が血、血、血だらけです！　女優さんなんですから、ちゃんとしてください」「ハァーイ」。手当てをして、傷パッドを貼る。

稽古が始まった。何故《なぜ》かドンドン足首の方が痛くなってくる。終わる頃には、足を床に付けて歩くことさえ出来ず、私はピョンピョンと右足だけを使って何とか稽古を終え、病院へ。

安静3日間、全治3週間。ヒェー、8日から初日なんですけど。「とにかく、なるべく動かないでください」。初日まであと10日ある。ここは気合だ。完全な状態にしてみせる。ピンチの時に出てくるドーパミンのようなものがかけめぐる。治してみせる、絶対に治る。自分の身体を信じることが出来たので不思議と、あまり恐怖心はなかった。

そして、5日後再び病院へ。先生が首を傾《かし》げながら指折り数えている。「おかしいなぁ、まだ5日ですよね。凄《すご》く良くなっています。これなら大丈夫ですね。なんでだろう、大学生より治りが早い。基本が出来ているんですね。若い人に見習ってもらいたい」

私は数日前にした姉との会話を思い出した。父の仕事の都合で山の上に住んでいた私たちは、小学校の2年間、毎日一時間かけて学校に通っていた。子供用の自転車を買うことは許されず、私はサドルに腰掛けることも出来ない大きな父の自転車にまたがり、あぜ道を一人練習した。何度も何度も転びながら、なんとかツーツーと走れた時の感動は今も忘れない。

夕方まで走り回り、笑い転げて遊んでいた子供時代が、今の私の身体を作ってくれた。そして勿論《もちろん》、95歳になった今も必死にトイレに自分で歩いていく母には、まず感謝だ。大学生並みの治癒力で万全になった身体。楽しい芝居の幕が開く。

幾多の魂が宿る場所

幕が上がった。

舞台稽古の数日前に捻挫をしたり、本番直前までタイミングや立ち位置の修正があったり、不安もあったがとにかく皆で心を一つにして幕が上がった。

お客様の温かい拍手を浴びながら、私のこの日生劇場での年月が心に甦《よみがえ》る。映画と同じ「青春の門」を舞台化し、19歳で初舞台を踏んだのがこの劇場だった。宇野重吉さんの丁寧な演出を受けていたので、不安は微塵《みじん》も感じず、劇場という空間をお客様と共有する喜びを初舞台から味わうことが出来た。その後も「にんじん」や、勘三郎さんとの共演の「若きハイデルベルヒ」。何度もこの日生の舞台に立った。

忘れられない30歳の夏、「奇跡の人」のヘレン・ケラーに言葉の存在を教えるアニー・サリバンを演じた時のこと。本番の一週間前に、夫が亡くなった。

病院と稽古場を往復する日々も辛《つら》かったが、まだその時、夫はこの世に存在していた。失った喪失感の中で2歳の息子を抱え、呆然《ぼうぜん》とする時間もなく私は劇場に行く。「しのぶ、もう8時過ぎたよ」。いないはずの夫の声に起こされ、私は楽屋に入りメイクをした。辛く眠れない夜、生まれて初めて睡眠薬というものを口にした。

翌朝、全く動かない私を見て「かんたんおきてー、かんたんおきてー」。2歳の息子が激しく泣き叫ぶ。きっと私も消えてしまうと思ったのかもしれない。「ごめんね。お母さん、ここにいるよ。ちゃんといるよ」。そして私はまた劇場へ。

1カ月の公演が何とか終わろうとしていた千穐楽でのカーテンコール。一階席の一番後ろに劇場の案内係の女性の方々が、お客様と一緒に拍手をしてくださるのが見え、途端に堰《せき》を切ったように涙がこぼれた。

その中の一人の方が私に向かって大きく「バンザーイ」と叫んでいる。私はその声に応え、大きく大きく両手を広げ、舞台の中央でジャンプした。「ありがとう」と。

39年前に「にんじん」で一緒だったスタッフの黒さんと今日も一緒に芝居を届ける。

黒さんが「オレさ、ここで越路吹雪さんの『リトル・ナイト・ミュージック』もやったんだよ。しのぶちゃんとまたやれて嬉《うれ》しいよ」と言ってくれる。

劇場という場所は、チリにさえも先人たちの魂が宿るという。私もいつかチリとなり、この劇場の片隅に宿るのだろうか。

今日も芝居の幕が上がる。

想いを言葉にのせて

「ありがたいなぁー」

お一人、お一人のお手紙やおはがき、メールを拝読し終えた後、私は思わずそう呟《つぶや》いた。このコラムの感想をお聞かせください、と、お声かけしたのが3月のこと。沢山《たくさん》の本当に沢山の方からの感想が届けられた。

同じように親の介護をしている方、ご自身が介護されていらっしゃる方、愛する人が亡くなってしまった方。お一人お一人の人生を読ませていただきながら、私のこの日常を書いた雑文が少しでも皆さんの生活の力になっていることを知り、皆一

たくさんのお便りを
いただきました。ありがとう

緒なんだなと、お手紙やメールから私の方が勇気を頂いた。

手紙というのは、想《おも》いを伝えるためのもの。私はふと母が書いた一通の手紙を思い出す。それは、私が6歳の時。父の仕事の関係で、埼玉に越してきた小学1年生の秋のことだ。

社会的対応力のない父が、大手の会社をクビになり、埼玉に住む生涯の友を頼り、何とか教職につくことができたものの、住み慣れた東京を離れること、しかも小さな子供を5人抱えて。母はどんなに不安だっただろう。

幼い私はすぐに環境にも慣れ、毎日元気に学校に通っていたそんなある日、母から、これを先生に渡してちょうだいと、白い一通の封筒を渡される。深く考えることもなく、先生にお渡しするとその母の手紙が週に一回、先生が作っている学級新聞に載り、その内容を初めて知ることになる。

「お母さん、私こんなに足が太くなったよ」「あー、それは筋肉ね。毎日、毎日一生懸命、歩いて、外で思いっきり走り回っているから足が丈夫になって良かったね」。そんな会話から始まっていたと思う。

「見知らぬ土地での生活が始まり、私自身が子供の成長する姿を見ながら、この新しい環境でもなんとか弱音を吐かず頑張ってゆこうと思えました。そんな風にたくましく幸せな学校生活を送らせて下さっている先生に、心から感謝しております」といった内容だった。

母は書かずにはいられなかったのだろう。ありがとうという気持ちを。

あのランドセルの中に入れ、ユラユラゆられながら届けた母が渡したあの手紙のようにこれからも感謝や感動や、時には怒りや、そして日常に起こるささいなことでも、伝えたいことを素直に書いてゆきたい。

沢山の方からお手紙を頂き、まるで何年も前からの知り合いのような気持ちになりました。

最後に、本当に本当にありがとうございました。

忙しすぎた自分に反省

深夜1時。突然、心臓がバクバクと脈打つ。

熊本のホテルの一室、東京での千秋楽公演を終え、次の日に夏の舞台のポスター撮りをしてから大阪公演へ。公演終了後そのまま来年からの大河ドラマの撮影で熊本へ。このハードスケジュールに、身体がさすがにもう耐えられないと叫んでいるのだろうか……。落ち着け、落ち着け、まずは深呼吸だ。

今まで経験したこともないこの動悸《どうき》は一体何？　もしかして更年期？　待て待て、図々《ずうずう》しいぞ。そんなものとっくに過ぎている年齢だ（幸運なことに私は、更年期も知らずにここまで来た。気付かずに過ぎていたのかもしれないが……）。

脈だ。とにかく、脈を測ろう。あ、その前に、もしもの時のことを考え、ちゃんと洋服に着替えておいた方がいいかなあ。あ、その前に、荷物が出しっぱなしだ。ちゃんと片付けておけば良かった。

バクバクと鳴る心臓の音を聞きながら、まず浮かんだのは母のことだった。２人の子供はそれなりに生きてゆけるだろう。が、母は？　母は誰が面倒をみるのだ。母のためにもう少し頑張らなくては。

さあ深呼吸、深呼吸。違う違う、まずは脈だ。脈？　えーと、脈はどこ？　手首に3本の指を当てながら必死に自分の脈を探す。これかな。あれ、またどっかにいっちゃった。落ち着け、これだ、これ。あった。

ネットで急いで検索してみると、20秒とにかく測りなさい。と書いてある。はい、20秒測ります。えっと、15回ということは、１分間に45回？　えっ、普通の人より少ないじゃん、そんな訳ないじゃん。何度も何度もトライしているうちに、少し落ち着いてきた。なんとか正確に測ってみると、１１０回程。やはり、ややはやい。

そして、今日の一日を振り返る。

疲れていたのだが、撮影の後、共演者やスタッフ何人かで地元のお料理屋さんへ。ワハハと盛り上がり、さほど強くないお酒を2杯程度飲んだ。ホテルに戻り、せっかくだからと、あと5分で閉まる大浴場の熱い湯船にザブンと飛び込み、あー、今日も楽しい一日だった。と、ベッドに就いた。

お酒飲んで、温泉になんて入ったら駄目に決まってるでしょ。そんなの常識です。やめて下さい。と、次の日、スタッフに叱られてしまった。ハイ、その通りでした。

たった数分間のバクバクで思ったこと。もう少し自分の身体の声に耳を傾け、ゆったりと生きてゆかなくては。母の為《ため》に、自分の為に。

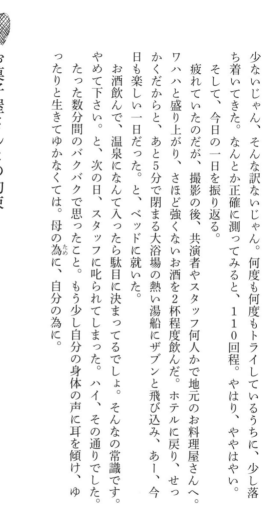

お菓子屋さんとの約束

山形にある小さな洋菓子屋さんが、ある日パンを作り始めました。フランスパンが毎日売れ残り勿体《もったい》ないと思った御主人は輪切りにして焼き直し、お砂糖をまぶして家族に出してみると大好評。そこから6年かけて作り上げたラスクは、シベールのヒット商品になりました。

そんな御主人、熊谷さんが上京したおりに、同じ山形県出身の井上ひさしさんの作品、私が出演していた舞台「太鼓たたいて笛ふいて」を観劇しました。

御主人は劇場を出て考えました。お客様に何かお返ししなければいけないと思っていた答えはこれだ。劇場を作ろう。山形のみんなにこの芝居を観《み》てもらおう。

井上先生が、「凄《すご》い人がいるんです。お菓子屋さんでね、劇場を作ってくれるんです。こんな嬉《うれ》しいことってありますか」。私は今でもその話をしている井上先生の嬉しそうな顔を思い出す。

これが2004年のこと。その4年後、熊谷さんの夢が叶《かな》い、私はシベールアリーナの舞台に立っていました。勿論《もちろん》「太鼓たたいて笛ふいて」を上演するために。素晴らしい劇場でした。何よりも来てくださるお客様が本当に心から素直に喜んでくださっているのが、手に取るように分かりました。

公演後、しんしんと雪が降り積もる中で開かれた、手作りのお料理を囲んでの打ち上げパーティーは忘れられない、温かく感動的なものでした。一人の想《おも》いが、一人の作家の作品に出逢《であ》い、劇場を作る。そして皆と喜びを分かち合う。私はいっぺんにシベールのファンになり、翌年はコンサートも開きました。２０１１年3月12日も舞台に立つはずでした。

が、前日にあった東日本大震災の為《ため》、やむなく中止。私は来て下さるはずだったお客様と熊谷さんに必ずまた行きますと約束をしました。

あれから7年、いまだ実現できず、年に一度の年賀状のやり取りでも、いつかいつかと繰り返すばかり。

そんなある日、熊谷さんからお手紙をいただきました。今回の舞台をこっそりと観に来てくださったこと。「まあいいか」の本を買ってくださったこと。シベールで待っています。と変わらず優しい文章のお手紙でした。

今、自分が大切にしたいこと、今、自分がやりたいことを優先しなければ。小さなラスクが生み出したこの出逢いを大切に育てていこう。一人ひとりの幸せが世界の幸せを作る、という井上先生の言葉を思い出しながら、私はスケジュール帳を開いた。

生きることを母に学ぶ

「お母さんはどう？」「うーん、やっぱり少しずつ大変になってきてるかなぁ。ノブのお母さんは？」「最近、暑くなってきたから、やっぱりしんどそうかなぁ」「そうか、大変だね」

大学時代からの友人との会話は、最近こんな調子で始まることが多くなった。

作詞家である彼女は、7年ほど前から仕事の関係で京都で暮らしていたのだが、独り暮らしが少しおぼつかなくなってきたお母さんの面倒をみるために月の半分は、東京に戻っている。そんな生活をするようになって1年が過ぎた。

「半月ぶりに帰ってきたら、食欲がなくて気にはなってたんだけど。今日歯医者さんに連れて行ったら奥歯が8本取れていたの。もうビックリしちゃって」。つまり、インプラントをしていたが、被《かぶ》せている歯の部分が全部取れていたのだということだった。

そうか、歯が取れていたことにも気付かなくなっちゃっていたのか……。それでも友人は、今、部屋中お掃除して、歯を探しているのとケラケラ笑う。

お料理が上手で、信仰心の厚かったお母さん、今は教会へも一人では行けなくなった。私の母も、もう何年も行っていない。こちらに余裕がないと、いろいろ手助けしてあげられないのが悲しいけれど現実だ。

母親の作ったもので育った私たちが今は、母親の食事の面倒をみるようになり、母親の今日一日を心配している。

ユーミンが大好きでいつもニコニコしていた彼女と出会ったのは18歳の時。こんなことが起きるなんて想像もしていなかった。老いていくことを目の当たりにして、私たちは勉強させてもらっているんだねと二人で話す。食べること、排泄《はいせつ》すること。ヨロヨロしながらも一歩一歩慎重にトイレに向かう母を見て、それだけで必死なのだ、それが生きることなのだと知らされる。

そして今年（２０１８年）、また介護保険料が引き上げられた。地域によってその金額はまちまちだが、最も高額なのは、福島県の被災地の自治体だった。今まで畑仕事をして身体を動かしていたのに、震災で急にそれが出来なくなり、介護を必要とする状態になった人が増えたのではないかと、胸が痛む。

国会の言った、言わない、文書はあった、いや存在しない、などの問題は早く解明して、自然災害で被災された高齢者の方たちの明日を考えて欲しいものだと、心から思う。

世界一幸せな日

母が96歳の誕生日を無事に迎えることが出来た。妹が買ってきてくれた小さなケーキを囲み、子供たちも加わってハッピーバースデーを歌う。母もなぜか一緒に歌い、私たちもそんな母に合わせて歌おうとするから、かなりバラバラの歌になり、皆で笑う。

「さぁ、ふき消して」「消せるかしら」。息子がさりげなく、横から息を吹きかけ手助けをするようになったのは、いつからだろうか。

「お母さん、いくつになったの」。母は決まって「1922年生まれよ」。これだけは、いつも答えられる。私は紙と鉛筆を持って来て、「今は、2018年だよ。だから、2018から1922を引くと……」。

母は、一生懸命引き算をする。「えー、まぁ、96歳。そんなになっちゃって。今にお化けになっちゃうわね」。またまたみんなで大笑いしていたら、母は突然、神妙な顔つきになり、私たちに向かって深くお辞儀をしながらこう言った。「どうぞ、最期まで宜《よろ》しくお願いします」「いえいえ、こちらこそ宜しくお願いします」。今度は私たちが頭を下げた。

2日後の日曜日、孫やひ孫、親友のお寿司屋《すしや》さんの家族、息子の友人ら30人が集まり、誕生日を祝う会が開かれた。美由紀さん（お寿司屋さんの女将《おかみ》です）が、風船とくす玉を用意してくれ、いつも母の記念日に参加してくれる息子の友人たちと1時間前に集まり、50個程の風船を皆で膨らます。ヘリウムガスを入れたりフーフーと顔を真っ赤にしたりして、賑《にぎ》やかに飾り付ける。

和室だったので、床の間に飾られている掛け軸やお花を見て、「これ全くのミスマッチじゃない？」と息子の友人が言う。「楽しければ良いの」と美由紀さんが一喝。0歳児からのひ孫が7人。子供たちは思ったとおり風船に大はしゃぎ。皆で美《お》味《い》しい食事を頂き、美由紀さんが作ってくれたくす玉を割る。

そして、彼女の娘さんのゆきちゃんが注文してくれた、母の似顔絵が描いてあるケーキで、ハッピーバースデーを大合唱。全てに心がこもっていて、私は感謝で胸がいっぱいになる。

息子とその友人たちは皆でそれはそれは美しい96本のバラを「おばあちゃん、あ

手前のケーキが、ゆきちゃんのデザインしてくれたケーキです

りがとう」と手渡してくれた。何てすてきなんだ。母はバンザイをしながら「皆さん、ありがとう。私は世界一幸せ者です」。来年もこの言葉が聞けたらいいなと、私は涙ぐみながら静かに祈った。

たけばぁの片思い

友人の好江ちゃん（勘三郎さんの奥様）から、嬉《うれ》しいお誘い。

「今日、餃子《ぎょうざ》焼くから食べに来ない？」「行く、行く、行くー」

二人のお孫さんの大好きな和菓子を買って、勘三郎さん宅へ。宿題をしている七《な》緒八《おや》くんはまだリビングにいなかったので、先月5歳になったばかりの哲之《のりゆき》くんと思い切り走りまわって、ご飯の前にひと運動。

皆が揃《そろ》い、好江ちゃんのお料理がテーブルに並ぶ。餃子やミラノ風カツレツ、ジェノベーゼ。まるでレストランのようだ。のりちゃんが、将来の舞台役者として申し分のない良く通る大きな声で叫ぶ。

「さぁー、みんなぁー、ご飯ですよー。さぁ、みんな食べてぇー。のりは餃子が大

みんなで、のりちゃんの
お誕生日会を開いたときの
一枚です

好きだから、早くしないとのりが全部食べちゃうよー」

食卓を囲むということ、美味《おい》しい食事をするということは誰をも幸せにしてくれる。二人の男の子の子育て真っ最中の愛ちゃんが言う。

「この間、のりがママ大好きって言ってくれたから、どのくらい好きって聞いたんです。いつもだったら手を大きく広げて、このくらいって言うんですけど、その日は、ママがおばあちゃんになって、お墓に入って、のりがおじいちゃんになって、それでもお墓をギュッとしたいぐらい好きって言ったんです。私、号泣しちゃいました」

なんて可愛いんだ。私は思わず「いいなぁ。のりちゃん。たけばぁ（勘九郎さんが付けた私の呼び名。今ではみんなが、たけばぁと呼んでしまっています）ものりちゃん大好き。たけばぁにもギュッとしてね」と、調子に乗って言ってみたら、一瞬間があって私を見て一言。

「たけばぁも子供作れば」

これにはやられて、みんなで大笑い。たけばぁの子供は、もうとっくに大人になって、大好きなんて言ってくれなくなってしまったの……。それでも……と、私は自分の息子が小さかった時のことを思い出した。

ある日、私が「ニッカくん、大人になったら何になるの？」と何気《なにげ》なく言った言葉に、息子は両手で耳を覆い「お願い、大人って言わないで。僕が大人になったら、お母さんは死んじゃうでしょう。だから僕は大人って言葉が悲しいの。僕が行くまで天国の川で待っていてね」。

あー、そんなことを言ってくれた息子は今日もおなかをすかせて帰ってくる。大好きと言ってもらえないけれど美味しい夕食でも作ってあげるとしよう。

勿体《もったい》ないは、ややこしい

金銭感覚とは、どのようにして培《つちか》われるものなのだろう。

うちの息子はよく「勿体ない」と言う。ノーベル平和賞を受賞した環境保護活動家の方が広めた「もったいない運動」。我が家では、息子が小学生の頃から繰り広げていた。

クリスマスツリーは「勿体ない」（これは違う）。おかずを残すのは「勿体ない」（これはいい）。車より自転車がいい。だから僕は大人になっても免許は取らない

（これはアメリカで仕事をした時に必要に迫られて取得した）。高校の入学式で初めて革靴を買いに行った時も店員さんに「普段は履かないので、この中で一番安いのをください」。

離婚して、初めての夏休み。私はどうしても雄大な自然に子供二人と包まれたくて、グランドキャニオンへ。その自然の偉大さに感動し、売店に入ると、アメリカ先住民が作ったという人形の前に私は釘づけになった。母親が、沢山《たくさん》の子供たちを抱く「ストーリーテラー」というタイトルで何とも温かみのあるお人形で4万円した。グランドキャニオンの山の上で4万円？　息子は叫ぶように私に懇願する。
「お母さん、勿体ないからやめて」

離婚したばかりで、自信をなくしていた私は「高いかもしれないけど、今のお母さんにはこれがどうしても必要なの」と涙声で訴えた。今もそれはリビングルームに飾られている（誰からも可愛いとも何とも言われないけれど）。

そういえば、こんなことも。数年前、息子とシャネル（CHANEL）のビルの隣のお店で待ち合わせた時のこと。なかなか来ない息子から電話。
「シャネルってビルがないんだけど。チャネルならあった」「えっ、それがCHANELなんだけど」「頭文字Sじゃないんだね」。ひえー、シャネルを知らなかった

25センチ程の陶器で作られていて、
なんとも愛らしいお人形なのです

……。

そんな息子を育てた私の勿体ない話。

友人と別れ、一人家路を急いでいた私は、またまた大コケをした。左ひざから血がダラダラ。バッグの中には知人から頂いたシルクのハンカチ。これを汚すのは勿体ない。スカートに血をつけるとクリーニング代が勿体ない。

そこで若い女の子のようにスカートをたくし上げミニスカートに。よし完璧。が、家に帰ってよく見てみるとお気に入りの靴が血だらけに。

勿体ないは、ややこしい。

あっ、もうひとつ。去年還暦のお祝いで息子から貰《もら》った赤いお財布。ありがたいのと、勿体ないのとで、まだ使えないのです。

ハイ先輩、わかりました！

今年の1月、ある授賞式で、何十年かぶりに浅丘ルリ子さんとお逢《あ》いした。最初の出逢《であ》いはもう40年も前、山本薩夫監督の映画「天保水滸伝」。新人の私に優しく話しかけてくださった。

「今日、誕生日なんです」と私がチラッと言ったのがいけなかった。その日の昼休憩に「ここから家が近いのよ。家にあったものだけど、ハイ、おめでとう」と、赤のストライプと青のストライプのTシャツを2枚くださった。

その頃の私はパンパンで、Tシャツはパツパツだったが、嬉《うれ》しくて嬉しくて、大切な用がある度、着て出かけた。15年は着ていたかもしれない。1月の再会から、私の芝居を観《み》に来て下さったりお食事をしたり……。

ルリ子さんが今やっていらっしゃるホットヨガの話になり「今度行きましょうね」。あの美しい瞳とリンとした声で言われたら、断るなんて出来はしない。「ハイ、行きます。行かせて頂きます」

電話で、時間や場所を確認する。メールや地図の添付なんて、ルリ子さんはおやりにならない。「いい、電話番号言うわよ」「ハイ」。慌ててメモ用紙を探す。「大丈夫?」「ハイ、大丈夫です」。ホントは大丈夫じゃないけど大丈夫です。細かいことは、後で自分で調べよう。とにかく今は「ハイ、わかりました」。完全に先輩後輩の会話のトーンだ。

15時からスタートなので、5分前に行けばいいと思っていたが待ち合わせは、30

分前の14時半。「えー、早っ」と思ったものの、言えやしない。

時間ピッタリに着くと、もうルリ子さんは着替えて、入り口で待ち構えていらっしゃった。「しのぶちゃん遅い！」「ハイ、すぐ準備します」。バタバタとロッカーに荷物を放り込み、説明を受けてもまだ15分ある。さすがルリ子先輩。ルリ子さんの身体は美しく軟らかく、どんな難しいポーズでもきちんと出来る。私は目をキョロキョロしながら付いて行くのがやっとだった。

「ナマステ」。最後の挨拶《あいさつ》が終わるや否や素早くタオルを持ってルリ子さんが囁《ささや》く。「行くわよ！」「ハイ！」。混雑する前にシャワーを確保するためだ。ウォー、カッコいい。私はあたふたバタバタだったが、カッコいい人に必死についてゆく喜びに浸った。ルリ子さんは可愛らしく正直で優しい方だ。そして真《ま》っ直《す》ぐで男らしい。何でも打ち明け、大先輩とこんな風にワハハと笑ったり出来るのなんて嬉しいことだ。

「しのぶちゃん、行くわよ」「ハイ！」。どこまでもついてゆきます。

7月2日はルリ子先輩の
お誕生日でした

優しく、美しいエネルギー

ここ最近母の体調があまり芳しくない。私たちでさえ、だるく食欲が落ちるので、何もする気が起こらないのだから、当然と言えば当然なのだが。脱水症状にならないように皆で、顔を見る度に栄養補助食品を飲ませてはいるものの、体重も30キロをきってしまった。

週に3回通っていたデイケアにも行けなくなった。体調が崩れ始め、外出は無理だなと判断した私は、「今日はお休みしましょう」と、連れて行って下さるヘルパーさんに話した。朝食の片付けに向かったその時、母がヘルパーさんに向かって言っている言葉が聞こえてきた。「しのぶだったら、頑張ってゆきますよね」

私の存在自体が母にプレッシャーを与えているのか、頑張らなくちゃ、ダメな人間だと思ってしまうのか。母こそ、いつもいつも頑張って生きてきた。私は、そんな母の頑張っている姿を見て育ってきたのだ。

子供たち5人の為《ため》に、入退院を繰り返す父の為に、そして孫の為に。朝起きるとすぐに割烹着《かっぽうぎ》を着けて働き始め、夜眠る時まで割烹着は取らなかった。「頑張らなくたっていいんだよ」。私は少し悲しくて、母が手つかずで残したヨーグルトをほおばりながら怒ったように呟《つぶや》いた。

徐々に母は体の痛みを訴え、「助けてください」とまで言うようになり、おしゃべりも、笑うことも少なくなった。そんな時、友人のペピが「江《え》すてるの為にロザリオを届けがてら、お家のお手伝いに行ってあげる」と言ってくれたのだが、スペインの人で、母とは面識がないので私は少し躊躇《ちゅうちょ》した。

母は人見知りなこと、疲れているようだったら察して欲しい。と、勝手なことを言った私に「大丈夫、分かってる、分かってる」とペラペラの日本語で答える。

イエス様を抱いたマリア様のロザリオは、それはそれは美しかった。

ペピは汗びっしょりになって家の中で働き続ける。「あなたは働き者ねぇ、偉いわねぇ」と母は久しぶりに話を始めた。

「着替えは持って来ていますか？」

「シャワーを浴びてくださいね」

「私も昔は、一日働いていたの」

おしゃべりが次から次に飛び出した。

「助けて」「どうなっているの」しか言わなかった母が、ペピの美しく優しいエネルギーのおかげで動き始めた。お掃除を終え顔を洗い、真っ赤な口紅を付けたペピに「まあ、きれいねぇ」と母は嬉しそうに心から笑った。

美しいエネルギーを巻き起こそう。友情に感謝しながら。今度は私自身がロザリオを握りしめ祈った。

コンコンチキチンの魔法

バターン。

またまた転んでしまった。大阪での仕事を控え、「どうせなら前日に祇園祭でも見ながら、お誕生日をしようよ」と、京都の友人らと約束したのは半年前だった。母の体調のこともあり、前日まで迷っていたが、祇園祭の「コンコンチキチン」を聴いたら、私自身も元気になるかもしれないと思い、出かけることにした。

朝、バタバタ荷造りをして新幹線に乗ったものの、休みだという安心感からか疲れがドッと出てきて身体が鉛のように重く、母のことを考えると心も重い。とても旅行気分を味わうまでにはいかなかった。せっかくの誕生日なのに、これではいかんと思い直しても、なかなか盛り上がらない。友人に悪いなと思いつつ家にいた方が良かったのではと、心が揺れる。ところが新幹線が京都駅に到着し、改札口を出たその時だった。

「コンコンチキチン、コンチキチン」。あ、お祭りだ。お神輿《みこし》かな？　鉾《ほこ》かな？　もうそこにいるのかな？　数秒前までどんよりしていたのに、一気に心が軽くなる。音の方向へ吸い込まれるように行ってみると、なんてことはない、お店が流しているスピーカーからの音だった。私は思わず一人笑ってしまった。

それでもいい。せっかく来たのだから「コンコンチキチン」だ。今日は祇園祭だ、誕生日だ。ワッショイ、ワッショイで盛り上がるのだ。

京都の夏の暑さはかなり厳しく、普段汗をかかない私でさえ10分歩いただけでじんわりとしてきて、外にいるのが辛《つら》くなる。その上、目の前を通っていったのは、神様に巻物やら楽器やら刀やら、宝物を運ぶ行列で、音も掛け声もなく、ただただ静かに練り歩いているものだった。あれえ、コンコンチキチンは？

1カ月も続く祇園祭は、時間や日にちで様々な行事があるそうだ。ま、とりあえず味わったということで夜になり、みんなで美味《おい》しい和食を頂き、ハッピーバースデーを歌ってもらい、お店を出たその時、運転をしてくれた友人の一人が車を出そうと駐車場まで走っている。すごい速さだ。あ、いけない。駐車料金を払うつもりだ。申し訳ないと思い、私も彼について猛ダッシュした。つもりだったが、裾の長いパンツが引っ掛かり、初めてのおつかいの子供のように、バターンとかなり派手に転び、手も足も血だらけに。

みんなから「本当にもう、何をやっているの」と爆笑され、61歳は大コケからのスタートとなった。心は少し軽くなっていた。

コンコンチキチン。

やっかいもっかい、もう1回

母の家の中での歩行が困難になってきた。こんな日がいつかは来るかもしれない、そう思っていたことが現実になった。手すりにつかまるようになり、次に介助が必要になった。少しずつ変化する姿を見ていたものの、やはりショックだった。

3週間ほど前に我が家にやってきた室内用車椅子。小ぶりで小回りが利き、とても便利だ。ものは考えよう、母が楽になればそれでいい。

しかし連日の暑さで不調を訴え、食事の量も減ってきた。家族はどう対処すればよいのか、手探りの、本当の意味での介護の日々が始まる。

「チームエステル」と名付けられた担当者会議。お医者さま、看護師さん、しばらく行けていないデイケアの先生。母に関わる方たちが集まり、話し合いが行われた。

今回、初めて車椅子の担当の方にもお会いした。優しそうな丸顔のその男性に、とても助かっていますとお礼を申し上げると「良かったです。いつでも何でもおっしゃってください」と力強く答えてくださる。沢山《たくさん》の人に支えられて、母の「今日」があると改めて感謝する。母も自分の変化に、不安や恐怖もあるだろう。身体の中にある「いのち」が薄らいでいくのを感じざるを得ない心境になる。

そんなある夜、妹と私が母の部屋にいたところに娘が帰ってくる。「おばあちゃんどう?」「あまり元気ない」。「そうか」と言いながらも娘は、いつものように大きな声で「おばあちゃん、アイスクリーム買ってきたから食べよう」と食卓に誘う。小さく手を振る母。更に大きな声で「おばあちゃん、どっこも悪くないんだよ、先生が言ってたもん。毎日暑いから疲れてるだけ。だから、アイスクリーム食べよう」。母はもう一度、手を振る。

私は幸せです、という母の口癖のハンカチを、
96歳の記念に作りました

「あっ、そうだ、おばあちゃん、歌唄《うた》って。あの歌、やっかいもっかいの歌」。1年ほど前から、母が唄うようになったわらべ歌。歌詞が面白くて、いつも笑ってしまう。「ねぇ、覚えたいから唄って」。娘は容赦なく要求する。すると……。

やっかい　もっかい　しじみっかい　しじみっかいの　はぐれっかい――

「うん、そのあとは？」

あっちに行って　トントントン　こっちに行って　トントントン――

唄い終わって、母が一言。「あー、こんなに苦しいのに唄わせるなんて」。私たち3人は大きな声で笑った。まだまだ頑張れる。明日こそ、アイスクリームをみんなで食べよう。

サルトル氏とパジャマ氏

《自由であること。それは、望むことが出来るのではない。出来ることを望むのである》

ジャン＝ポール・サルトルの言葉だそうだ。うーん、なかなか深い言葉のようだ。

フランスの哲学者であり、作家であるそのサルトルの戯曲と毎日格闘している。

密室に突然、閉じ込められた3人が過去を告白し、他人から追及され、自分を問い詰めていくという会話劇。小さな空間での少人数の芝居は魅力的だ。

何をやっても素敵《すてき》な、尊敬する段田安則さん。お芝居が好きで外見も中身も可愛い多部未華子ちゃん。これだけでも楽しそうだ。楽しいに決まっている。が、始まってみると、なかなか手ごわいことに気づく。

性格や感情によって、動きも変わるわけだが、そこに人間の秘められた感情も入っているから、余計にややこしい。嘘《うそ》をついている人間の中にある真実。はたまたそれも真実なのか。一つ一つ、きちんと表現しなければ伝わらないので、大変だ。

休憩時間、困ったような顔をしている多部ちゃんに私が言う。「同じ、同じ。難しい、難しい」「本当に？　しのぶさんも同じ？」「うん、段ちゃんも同じ。ねぇ、段ちゃん」「うん、難しいねぇ。早く終わって高校野球が見たい」。多部ちゃんは少しホッとした顔になる。

演出の小川絵梨子さんは、細かく私たちをリードしてくださる。よし、こうなったらサルトルの頭の中を徹底的に究明していこうという使命感に燃えてくる。それが稽古の楽しいところだ。

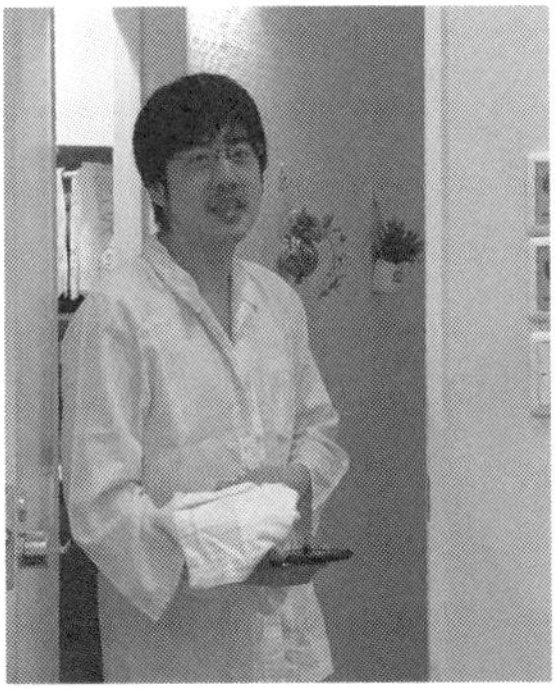

あまりのおかしさにパチリ。
息子のクローゼットに入って
いたおばあちゃんのパジャマ

が、家に帰ればサルトルとは全く反対の状況が待っている。母の今日の食事量をチェックし、とにかく口から摂取してもらうためにはどうするか。娘が買ってきてくれたチーズケーキは、今日は食べてくれたようだ。良かった。洗濯も終え、今日も一日が終わり、少々疲れた身体でベッドに沈み込んだのが夜の1時。いかん、いかん。サルトル氏だ。サルトルの世界に戻らなくては。と、その時私の部屋のドアがスーッと開く。

そこに、白いパジャマ姿の息子が。「オレのパジャマがないんだけど……。これ誰のかな?」「えー、それはおばあちゃんの。わかるでしょー」「いや、ボタンが逆だなとは思ったんだけど」「違うと思ったら、普通着ないでしょ」。私はもう大爆笑だった。

息子の部屋には3枚のパジャマが溜《た》まっていた。「ちゃんと洗濯カゴに入れて。それぐらいはしようよ」。それでも私は笑ってしまう。疲れた心がなんだか急に軽くなった。

《真の男性になるということ。それは、自分のパジャマを自分で洗濯するということである》(しのぶ)

大丈夫。翼を信じて

何から書こう。

この2週間の間に起こった事があまりにも多すぎた……。一言で言い表すなら、ドラマチックな2週間だった。何度うろたえ、何度安堵《あんど》し、何度涙しただろう。

先月から、なかなか食欲が戻らない96歳の母はこの2週間、飲むことも難しくなってきた。薬を飲むにもトロみを付けたり、お粥《かゆ》やスープを必死になって作ってもせいぜい一口か二口程度しか食べてもらえない。

苦しいという訴えも続き、先週はとうとう自分の痰《たん》を飲み込むことが出来ない症状が出てきてしまった。あまりにも苦しそうだったので、担当のお医者さまに相談の上、救急車を呼ぶ。

あの台風の日だ。息子が掛けた電話から10分もしないうちに救急隊、消防隊の方8人ほどが来てくださる。母が濡《ぬ》れないよう傘を差しながら、みなさんで本当に手際良く救急車に乗せてくださる。美しいスピードだ。

姉や妹、息子、娘と深夜の病院でレントゲンや、点滴などの応急処置を待つ。

このまま入院になってしまうのだろうか。家には帰れないのだろうか。みんながそれぞれの思いで待つこと3時間。3時ちょっと前に母はストレッチャーに乗って出てきた。顔に赤みが戻り、私たちに向かって軽く手を挙げるではないか。大丈夫だ。もうひと頑張りだ。

「食べていないので、糖の値が低いもののあとは大丈夫です。脈も心臓も正常です。痰が絡んで息苦しくなっただけでしょう。ちゃんと帰れますよ」と、先生から嬉《うれ》しい言葉。

「良かったね、帰れるね」と声を掛けると、「あー、今日はダメかと思った」と、いつもの母に戻っていた。

車椅子に乗せ、みなさんに挨拶《あいさつ》をして処置室を出ようとした時、母は急に看護師さんの名札を手に取り、名前を確認すると、お一人おひとりに「○○さん、ありがとうございました」「○○さん、ありがとう」と言って頭を下げた。

「私たちはいつでもここにいますから。何かあったらすぐ来てくださいね」と、看護師さんが笑顔で母の手を握ってくださる。ありがたかった。

2日後、母は久しぶりに食卓につき、お粥とバナナをパクパクと自力で食べることが出来た。食後、新聞を読まなくなった母のために、娘が買ってきてくれた「幸

せの鍵が見つかる　世界の美しいことば」（創元社）という可愛い絵本を読むことも出来た。

《……その枝が折れかけても、自分の翼を信じ歌いつづける小鳥のようでいましょう》

その絵を見ながら母が一言。「ホーホケキョ」。みんなが笑いに包まれた。

私は皆の役に立ちたいの

母が逝《い》きました。この日が来ることは、7月の末頃から覚悟していたつもりでした。

96年のあっぱれな人生。誕生日や母の日や、自分のために集まってくれた人たちに、「私は世界一の幸せ者です。みなさん、ありがとう。万歳！」と、大きく両手を挙げていた母を想《おも》い、拍手をして見送ろう。そんなことをどこかで願っていました。が、現実は違いました。

5月頃から食欲がなくなり、ひ孫たちも全員呼んで誕生日会を開いたのが6月。

お天気の良い日に近くの公園へ。
愛犬バルーと

7月の猛暑の中、母の食欲、体力はみるみる落ちていきました。

高カロリー飲料に頼るようになり、8月に入ると飲み込むことも時々困難になりました。スープを作ったりお粥《かゆ》を作ったり。ジュースを必死に飲み込んでもらっても、体重は26キロになりました。それ以降は測れませんでした。

一日に何度も身体の痛みを訴えるようになり、その時間は日ごとに長くなりました。苦痛を和らげる薬で良くなったかと思うと意識低下が起こり、とにかく母が少しでも楽になる方法を必死で探す毎日でした。何もしてあげられない自分に涙する毎日でした。老衰とは、ロウソクが静かに消えていくものだと、漠然と想像していたのに、こんな苦しみが待っていたなんて。

それでも、そんな一日の中に穏やかな幸せな時間もありました。

亡くなる10日前のこと。久しぶりに3時間ほど、ぐっすり眠り、母は食卓につきました。私は急いでぶどうジュースを作り、前日から煮込んだ野菜スープを用意しました。ジュースを一口、スープを二口程飲んでくれた母に、私と妹はまた泣きながら拍手をしました。その頃は、喋《しゃべ》ることが難しくなった母は、ノートにこう記しました。

《片付け大変ですね。健康を取り戻したら、お手伝いします。ごめんなさい》

母は生きようとしていたのです。だから、治して欲しいと訴えていたのです。最後の最後まで、生きようとしたのです。もう一度生きて、みんなの役に立ちたいと思い、その為《ため》に闘っていたのです。

母の名前は、聖書にあるエステル妃から取ったものです。国の民を救うために自分が犠牲となって、隣の島に渡った王妃の名です。友人の梅ちゃん（女優の梅沢昌代さん）が、「お母さんは、楽になりたいと思わず、最後まで役に立ちたいと思う人だったんだね。凄《すご》いねぇ」と言ってくれました。

とりとめのない文になってしまって、ごめんなさい。時々、母のことを心配してお手紙をくださった方々、きちんとお礼も言えずに、ごめんなさい。

見ず知らずの方にこんなに優しくされて、母はやはり世界一の幸せ者です。これからも時々、母の話をさせてください。

最後まで幸せだった母

少し広く感じるようになってしまったリビングに一人座り、今この原稿を書いています。

姉や妹も日常に戻り、ヘルパーさんがやって来ることもなくなりました。車の音、虫の声、どこかで犬が鳴いています。母の呼ぶ声や、センサーマットの音が響くことは決してなくなってしまった我が家。淋《さび》しいです。

苦しい、苦しいと訴えながらも生きようと闘っていた母。ごめんなさい、ありがとうを繰り返し、亡くなる朝の5時にフラフラになりながら必死にトイレに立った母の顔が浮かんで胸が苦しくなります。

ホッとした時間も思い出そうと妹と話しました。亡くなる2週間程前のこと。深夜2時、母は夢を見ていたようでした。久しぶりに穏やかな顔で、急に話し始めました。

「二千翔《にちか》といまるちゃんに冬のコートを買ってあげなくちゃ。あー、あと、シャツとパンツも。お正月が来る前に」「シャツとパンツ?」「そうよ、お正月は新しいシャツとパンツを揃《そろ》えるの。あなたたちにもそうしていたでしょ」「うん、そうだね」「じゃあ、私にも買ってくれる?」と、妹が母に尋ねます。「ハイ、わかりました」。「じゃあ、私にも買って」と続けて私が尋ねます。「しのぶは、高給取りだから」「えー、ショック」。私たちはケラケラと笑いました。

母のために飾られた小さなお花、一生忘れません

「じゃあ、明日行こうね。11時ごろね」。母は、幸せそうに眠りにつきました。

家から数分のところに、母がお世話になった小さな花屋さんがあります。ここ数年は、車椅子でしか行けなかった、ささやかな母の幸せの時間。その店先に、母が亡くなった数日後、小さな台の上に、道行く人に見える形でお花が飾られていました。

聞くと、母のために花を生けてくださったのだということでした。なんて、なんて優しいんだろう。お礼に伺うと「ささやかな私からの気持ちです。だって、江《え》すてるおばあちゃん、楽しい人だったから」と言って、一緒に泣いてくださった。私は「ありがとうございます」と言って、何度も何度も頭を下げた。

子供たちの下着を買うささやかな喜び。小さなお花を買う楽しみ。母は最後まで幸せだったと胸に刻もう。

100歳で亡くなった新藤兼人監督の言葉を思い出す。「僕は今、95でしょ、それでもお母さんが恋しいんです。お母さんに逢《あ》いたいです。お母さんとは、そういうものなのです」。私は死ぬまで、母のことを恋しく想《おも》うのだろう。

それでいい、それがいい。

みんなをつなぐ、母の食卓

「なんだか淋《さび》しいなぁ」。深夜、洗濯物を干し終え、誰もいない部屋に私の独り言が空しく響く。母が逝《い》って3週間、もう一度だけ、母の話をさせてください。

姪がお世話になり、母も一度伺ったことのある教会での前夜式（お通夜）。祭壇に、茶色い四角いテーブルが置かれています。讃美歌《さんびか》を歌い、牧師さんのお話が始まります。母の人となりを理解した上で用意して下さったもの、それは「食卓」でした。

「生涯家族の為《ため》に〈生命と愛〉を生み出した食卓こそが、江《え》すてるさんに最も相応《ふさわ》しい物でしょう」

思えば70年近く母は夫の為、子供たちの為、そして孫たちの為に食卓を飾り、私たちを育ててくれたのです。

式には、息子や娘の友人まで駆けつけてくれました。

「おばあちゃんにお世話になったから」「天ぷらいっぱい作ってくれたな」「コロッケ、また食べたかったな」。息子の友人らは卒業後も母のお祝い事の度に駆けつけ、

使い切れなかった
スープ用の煎った玄米。
空に向かって投げてみよう

今年は96本のバラをプレゼントしてくれました。これも食卓が生み出したつながりでした。

おしゃれな物をつくるわけでもなく、盛りつけに凝るわけでもないのに、母の作る料理は美しかった。母の片づけた台所もいつもピカピカでした。二人で何十年も一緒に台所に立ち、私は食器の洗い方をよく注意されていました。そう、母は全てにおいて丁寧でした。

私のいない時はお弁当作りもやってくれましたが普段は、たとえ舞台の本番中でも「お母さん、ほら、お弁当を作る時間でしょ」と起こされました。

子供がまだ赤ん坊の頃、玄関に入った瞬間、「ハイ、お母さんが帰ってきましたよ」と手渡されたこともあります。厳しいな……と思いつつ、おかげで私は母親の仕事を覚えることが出来ました。

この1年ほど、少しずつ台所に立てなくなってからも、コロッケを丸めることだけは手伝ってくれ、最後までみんなの為に食事を作る喜びを追い求めた母でした。「また、天ぷら作ってね」「ハイ、ハイ、作りますよ」。そんな会話が、母への励ましでした。

お料理研究家の平野レミさんが、お電話でこんな話をしてくださいました。「しのぶちゃん、しのぶちゃんの身体は、半分はお母さんなんだからね。だから、自分の身体を大切にしてね。お母さん大切にしてね……」と。私はまた、ホロホロと涙しました。

先週、母を偲《しの》んで作ったコロッケ。息子は五つ、美味《おい》しそうに何も言わず平らげました。

ピアフと共にいる喜び

今月10日、エディット・ピアフの楽曲を歌ったアルバム「SHINOBU avec PIAF」が発売になります。

11月から4度目の上演となる舞台「ピアフ」の公演が始まるこの機会に、劇中で歌う歌や、その他のピアフの曲をＣＤにしようという夢のような話が実現したのです。春から曲を決め、アレンジの打ち合わせに参加しながら6月から曲入れをしてきました。

通常は先にカラオケ録《ど》りをして、その後歌を入れる場合が多いのですが、歌も音

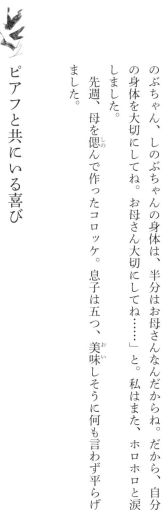

もその時の感情を大切にしたいと思い、ミュージシャン、私が一緒に「せーの」とレコーディングしました。事前に音楽監督と深夜の打ち合わせを何度もし、当日演奏してくださる方にイメージを伝えてゆきます。少しイメージが伝わりにくい時は、私はスタジオの真ん中に立ち手を広げ、身体を動かし、その歌の主人公の気持ちを表現します。

ミュージシャンの方は、じっとそんな私の「演技」を見つめてくれます。そして、それぞれのブースへ。

ある時は……

「最後、ここで私叫んでみようかな」「よし一回やってみよう」「せーの」。リズムを刻むクリックもなく、ヘッドホン越しに聞こえる私の息遣いを頼りに、一緒に歌い出します。

私が叫び出すと、ギターがそれに合わせて鳴き出し、バイオリンが高みへと連れていってくれます。ドラムが、ピアノが、ベースが想像を超えたエネルギーが、ヘッドホンを伝わり、一つになってゆきます。何とも言えない緊張感と高揚感。それはやる度に違う喜びを与えてくれます。同じ瞬間なんてありません。

感じ合えるって最高だ。一緒になれるって、幸せだ。

ピアフの強く大きな愛に包まれて、全11曲の録音が終えられた時の達成感。みんなで抱き合いました。それらが形になり、みなさんの元に届き、エネルギーが伝わったら、こんなに嬉《うれ》しいことはありません。

ピアフが育て上げたというシャルル・アズナブールさんが先日（２０１８年10月1日）亡くなられました。２週間前ステージを観《み》たばかりだったのに。これが最後になるなんて誰が想像したでしょう。パワフルで楽しく、何よりステージのシャルルは自由でした。

ステージは僕の城だと仰《おつしや》っていたシャルル。ピアフから学んだ、全てを捧げるという、愛に溢《あふ》れたステージでした。私もこれから全力で一回、一回のステージに全てを捧げてゆきたいと心から思うのです。

エディット

ありがとう。

掌《てのひら》で伝わる想い

10月10日、体育の日。いや、正確に言えば、今は第2月曜日が体育の日（2020年からは「スポーツの日」）になっている。日本の祝日について、母とよく話したことを思い出す。

「ハッピーマンデーというのが作られて、連休が増えているんだよ。経済効果を考えて随分前から変わったの」と何度説明をしても、どうも納得がいかなかったようだ。

「なんで、そんな馬鹿なことをするのかしら。それじゃあ意味があやふやになってしまうでしょ。元服の日が成人の日。東京オリンピックが開催されたから体育の日でしょ。あー、なんだってそんなことをするのかしら」

まるで大きな失《な》くし物をしたようにため息を吐く。「本当だね……」。今年は敬老の日も体育の日も、祝日についての話をする母はいない。

そして、この日はエディット・ピアフの命日でもある。私がピアフの楽曲を歌ったCDもそれを記念に10日発売となった。

朝からテレビで歌ったりラジオに出たり、「ピアフ」を上演するシアタークリエで、音楽評論家の安倍寧《あべやすし》さんのトークショーにゲスト出演し、そこに来てくださった500人の方に直接CDを手渡すという初めての経験もした。北海道から沖縄まで、実に色々な所から来てくださっていることを知り、逆にこちらが感激してしまう。そうか、いつもこんな風に芝居を観《み》に来てくださっているんだ。

90歳のお母様を連れて来てくださった方、小学生のお子様と一緒のお母様、4月にお母様を亡くされた方、お父様を介護されている方、今度初めて「ピアフ」(舞台)を観るんです、と言ってくれた若者。一人ひとりの方と数秒間、見つめ合い、握手をし言葉を交わす。それぞれの方の想《おも》いに触れることが出来、俄然《がぜん》ファイトが湧いてくる。

手と手をつなぎ伝わる想い。いつも出掛ける前に母と触れ合った掌。行ってきます。ただいま。お帰りなさい。いつの間にか言葉を交わすことが出来なくなっても、掌から母の想いが伝わってきた。

ファンの方から頂いた可愛い小さな花束を母の写真の前に置き、母にそっと触れる。

お母さん、今日は体育の日だったの。そして皆が喜んでくれた幸せな一日だったよ。

「そう、良かったわね。疲れたでしょう?」。そんな声が聞こえてきたような気がした。明日からまた全力で稽古に挑もう。

そう、ピアフのように。

ほんの小さなことだけど

ひと月前のコラムで、私は母の為《ため》に作っていたスープ用の煎った玄米の写真を載せた。

写真説明の文章を入れる際、「使い切れなかったスープ用の煎った玄米。空に向かって投げてみよう」と書き記した。

その後に「時々やってくる名も知れない鳥たちのために。命はつながってゆくのだから……」という文も入れたかったが、スペース的に入れることができなかった。このままだと食べ物を捨ててしまうことになる、と少しの懸念があったが、そのままにしてしまっていた。

今回、母のことで沢山《たくさん》の方からお手紙を頂き、家族みんなで読ませて頂きました。本当に本当に優しいお言葉に胸打たれました。

その中に、その玄米のことを書いてくださった方がいました。

「お空にまくのも素敵《すてき》ですが、ぜひ息子さんの為にスープを作ってみたらいかがですか？」と。その通りです。

ありがたいお手紙でした。

人間の価値観は様々です。気にすることも、しないことも。

先日、とある劇場で開演前にいつものようにストレッチをしていたところ、小さな、本当に小さなゴミが落ちていた。

一つ摘《つま》み上げ、スウェットの中に仕舞い込む。あれ、ここにも。ここにもだ。今日はお掃除する人が違ったのだろうか。

気にならないと言えば、そうかもしれないが、私はもう見つけてしまったのだ。これから入場してくるお客様に失礼だ。一つ、また一つ摘みながらも開場時間は迫ってくる。これは取り切れないなあ。

入り口からお客様の目線に立ち、歩いてみる。まぁ、目に付かないといえば付かない。でも……。ダメだそのままにしてはおけない。

私は決心して、急いで劇場の方《かた》の所に行き、事情を説明し開場前の忙しい時だったが、掃除機をかけてもらう。

ほんの小さなゴミ。数センチの玄米。

小さなことだが、それでも人を不愉快にさせたり、悲しくさせたりする。ざっくばらんに、けれど細やかに、そんな風に生きていきたい。

玄米、実はまだきちんと置いてあります。いつかその日がきたら雑炊を作り、生きようとした母を想《おも》い頂きます。

泣いちゃうだろうな……。

何にでもある本当の意味

トリック・オア・トリート（お菓子くれなきゃ、悪戯《いたずら》するぞ）——。

30年程前、今のように大人たちがハロウィーンに大騒ぎしたりしていなかった頃の話。我が家の周辺には、多くの外国の方が住んでいらした。玄関にオバケやカボチャを飾り、夕暮れになると可愛らしく仮装した子供たちが、お菓子を入れる小さなカゴを持って歩いているのを見て、幼稚園のお母さんたちと一緒に私たちも参加してみようということになったのが始まりだった。

これは、ギャング一家に
仮装した時です。懐かしいなあ

飾り付けのあるお家にだけ、ピンポーンをしてお菓子をもらう。我が家の前の桜並木の通りは、シンデレラやピーターパンやミイラに仮装した子供たちで溢《あふ》れかえる。その殆《ほとん》どが外国の方だったので、まるで一瞬海外にいるのかと思うほどだった。私も魔女になったり、蜂になったり、子供たちと一緒にご近所を渡り歩く。

ピンポーン。とあるお家の玄関を開ける。誰もいない薄暗いリビング。真ん中に、なぜだか不思議な大きな箱が。まるで棺桶のようだ。

子供たちと「トリック・オア・トリート」と言いながらも、なんだか少し怖くなってきた。次のお家に行ってみよう。「ハッピーハロウィーン」と、か細い声で言い玄関を出ようとしたその時、あの大きな箱の中から、ドラキュラに仮装した外国人の大きな男性が飛び出してきた。私たちは「ギャー」と叫びながらも大興奮。ドラキュラのパパにお菓子をもらい、みんなで大笑いする。

と、そんなことを何年も続けていた間に子供も小学生に。今年の仮装はどうするのかな……と考え始めた時に、アメリカで同時多発テロが起こった、９・11だ。世界中が悲しみと怒りに包まれた。

「今年はやめようね」。子供たちとも話し、飾り付けもしなかった。それでも「トリック・オア・トリート」とやってくる子供たち（その頃は殆どが日本の子供だけになっていた)。私は念のためにと少しだけ用意をしたお菓子を渡そうとすると、娘(当時11歳)が、一回、一回出て行って、「今年は、家でハロウィーンはやっていません。アメリカでテロ事件があったからです」と説明していた。

自分の気持ちは言葉にして伝えなくては。日頃、私が言っていることを実践している娘がなんだか頼もしかった。

お祭りは、それぞれ意味があって催される。元々、ハロウィーンは古代ケルト人の収穫を祝い、悪霊を追い出す為《ため》のお祭りだったとか。

そこには感謝や喜びこそが存在するものであり、今の日本のハロウィーンに暴力や警察が関与してくるのは、どうしたものかなと思う。そんなことを教えてくれた娘の行動だった。

ピアフの〝本当〟を伝えられるよう、一生懸命やり抜きます。

自分の中の革命

「しのぶさんとの出逢《であ》いは、僕に革命を起こさせました。雷が落ちた感じ。だから

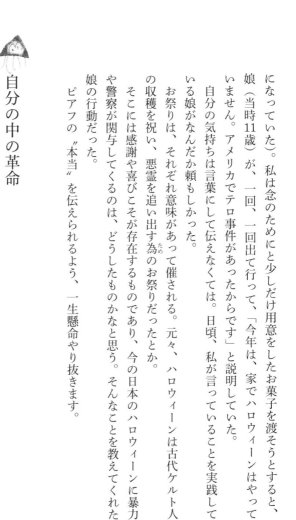

僕は今も頑張れます」

ミュージカルを中心に舞台で活躍する俳優、伊礼彼方さんが先日私に送ってきてくれた言葉です。

「革命」

なんて素敵《すてき》な言葉なんだろう。

彼との出会いは2年前。今上演中の舞台「ピアフ」でシャルル・アズナブールを演じたのが彼方さんだった。

当時、彼は稽古中も前の舞台の地方公演が何日か重なったり、本番中も次の稽古が始まったりという、信じられないハードなスケジュールを抱えていた。

もちろん、自分がその選択をしたのであるから、どちらもきちんとやるのは当たり前のことではあるが。

彼は必死になって自分の体調を管理し、必死になって今日を生きていた。

周りにいる私たちも痛いほどそれが分かり、みんなで応援していた。

そして、そういう私自身も、自分を支えるのが精一杯《せいいっぱい》の毎日だった。

3時間出ずっぱり、歌いっぱなしのピアフのエネルギーを持続させることだけに集中し、その日、その日を生きていた。

実際のピアフはシャルル・アズナブールやイブ・モンタンを育てた人だが、私にはそんな余裕は全くない。

ある日、私が練習し過ぎで声をからしてしまった日があった。高音が思うように出ない。

それでも幕は開く。

私はこの一回で声が無くなってもいい覚悟で叫び、歌う。すると昨日とはまた違うエネルギーがわいてくる。舞台とは不思議なものなのだ。

彼方はそんな私を、私はそんな彼方を見て、自分の中で小さな革命を起こし、お互いに進化したのかもしれない。

人は、人との出会いによって刺激し合い、本物を摑《つか》み取ろうとするのだ。

皆に好かれなくてもいい。皆を好きにならなくてもいい。何よりも自分が好きな自分でいなくてはならない。そして、そこから初めて愛が生まれる。

「ピアフ」の劇中で、ピアフがシャルルに言う言葉。

「あんたが本当のことを歌えば、客はあんたを信じるわ。シャルル、覚えておくのよ、本物だけ」

本物を目指し、私は今日も黙々とストレッチをし、舞台に立つ。

元気で必死な母の姿

予防の為《ため》に昼公演後、耳鼻咽喉《いんこう》科へ向かう。夕方の診察室は、会社帰りの人達で溢《あふ》れ返っている。ゴホン、ゴホンと咳《せ》き込む人もかなりいて、絶対に風邪は引かない、引けないと自分の身体に気合を入れる。

毎日舞台で声帯を酷使しているので疲れ切っているかと思ったら、2週間前に診たときよりも良くなっていると先生が首を傾《かし》げた。良かった。これであと1カ月頑張れる。

診察後、吸入器の前に座り、いつもの説明を受ける。「点滅しているランプが消えたら終了です。終了したら……」。一日に何度も同じ説明をするのは大変だろうなぁ、と思いながらマスクを当て、ぼーっとランプを見つめていると、突然、涙が溢れてくる。

母の姿を思い出したのだ。

まるで映画の回想シーンのように、子供のころによく通っていた耳鼻科に私の身体はワープしていた。同じようにマスクを当てているすぐ後ろに小さなバッグを抱え、私を見ている母がいた。

子供の頃、私はよく中耳炎になったり、鼻炎にかかったりしていた。母は入院中の父にかわって働いていたので、いつも診察券を握りしめ、一人で通っていたつもりだったのに一緒に来てくれた時の記憶が突然甦《よみがえ》った。吸入しながら泣いているのは、なんだかおかしなものだな。点滅が終わり、看護師さんにお礼を言い、外に出る。

街はクリスマスのイルミネーション。随分早いなあと思った瞬間、またワープだ。クリスマスの歌が流れる街を仕事帰りの母が、買い物袋を抱え、足早に歩いている。今日の夕飯のこと、父の病気への不安、新しい年をどう過ごすのか、クリスマスにプレゼント一つ、子供に買ってあげられない自分が情けない。そんな母の姿が見えてきて、イルミネーションが涙で見えなくなった。

このごろ、私たちを必死に育ててくれた元気な母を思い出す。そして、またまた涙する。帰ってから息子にそのことを話すと、「いつまでも悲しんでも仕方ないよ」と、静かに言われた。

「でも時々、そんな時間があってもいいんじゃない」「思い出すのはいいけど悲しまない方がいいよ。仕方ないよ、順番だから……」

説得力のある言葉に少しだけ救われた。

お母さんが死んだら悲しむ？　と馬鹿なことを聞いてみた。「うーん、その時に考えるかな」

それでいい。母も私が悲しむのを望んではいないだろう。

母のいない初めてのクリスマス。今年は一人で飾り付けをしなくては。きれいなツリーを飾ってみよう。

母が喜ぶように。

これが泣かずにいられるか

12月5日。中村勘三郎さんの七回忌法要が、ご自宅で執り行われた。

私が部屋の隅の方に座っていると、5歳になった哲之《のりゆき》君がニコニコしながら、私の膝《ひざ》の上に乗ってくる。祖父、勘三郎さんを知らずに生まれ育っている哲ちゃんの温《ぬく》もりを感じ、6年の歳月を想《おも》いながら長老のお経を聴く。

今日は、ご命日。命の日です。亡くなったという言葉は使いません。十八代目が、どう熱く深く生きてきたかを考える日です。という言葉に納得がいく。

先月、浅草の平成中村座で行われた一カ月の追悼公演。口上で中村屋一門が並び、そこの中心に勘九郎、七之助、勘太郎、長三郎が座っているのを見て、涙がポロポロとこぼれた。二人の息子はこんなに立派になり、二人の孫たちのなんて愛らしいことか。

そして勘三郎さんの作品が、映像で次々に流れ始める。ほんの数秒の踊りでも、ほんの一言二言の台詞《せりふ》でも気迫に圧倒され、彼がまるでそこにいるかのような錯覚に陥る。彼は常に真剣で、常に熱かった。あー、もう一度観《み》たい。

映像の終盤、野田秀樹さんの「鼠小僧」の台詞が流れる。「屋根の上から、いつも誰かが見ていると思いな。見てるんだよ、おめぇのやってることは、きっと誰かが見てるんだ」。私はもう、堪え切れなくなり、嗚咽《おえつ》が漏れる。

続いて「研辰《とぎたつ》の討《う》たれ」。「まだまだ生きてぇなぁ、死にたくねぇなぁ。生きて生きて、散りたくねぇなと思って散った紅葉の方が、どれだけ多くござんしょ」。涙を溜《た》めて、空を見上げている勘三郎さんの顔で映像が終わった。ハンカチはグチャグチャになっていた。

あなたが見ていることを信じ、まだまだ生きていたかった想いを受け継いで、一生懸命生きてくよ。約束するよ。

次の演目は、牛若丸と弁慶を勘九郎と勘太郎親子で。7歳のなおちゃんが牛若丸に。美しく正確に、誠実に。そして、必死になっているなおちゃんを見て、また号泣。過ぎてしまった時間とこれからの時間が錯綜《さくそう》する。

法要の後、隣で一緒に食事をしていた七之助さんが呟《つぶや》いた。「お父さんが生きていたらなぁと思う」。まだまだ教えて貰《もら》いたかったんだろうなと思ったのだが、彼はこう続けた。「だってお父さんの芝居観たいもん」

うん、そうだね。隆ちゃん。でもね、貴方《あなた》たちの芝居を観たいなと思う人が、もう沢山《たくさん》いるんだよ。だから、これからも皆で頑張っていこうね。空の上からほめてもらえるように。

「大竹を宜《よろ》しくお願いします」

47年ぶりの嬉《うれ》しい再会がありました。埼玉での中学2年生の時の担任だった島田知良先生です。

今年の春、先生が瑞宝双光賞を受章なされ、その祝賀会を企画された方から、サプライズで教え子であった大竹しのぶさんのコメントが欲しいとメールが来たのが始まりでした。

たった1年間だけの教え子でしたが、私は先生が大好きでした。お顔は勿論《もちろん》、先生の声も話し方も、私たちを叱る時の悲しそうな表情も全部を覚えています。日曜日には、先生のお家《うち》まで押しかけて色々なお話をしました。先生の本棚にあったカール・ヒルティ。父の愛読書があったことに、子供ながら喜んだことを覚えています。その後、私は東京に転校し、47年の歳月が……。

9月のパーティー当日、私のビデオメッセージが画面に映し出されるや否や、先生は号泣してしまい、司会者の方が何を言っても答えられず、「だめです」「まだ泣いています」の繰り返しだったそうです。

数日後、懐かしい字で長いお手紙をくださいました。メッセージがどれだけ嬉しかったか、そして中学生の私がどんなだったのか……。生徒会や学級委員、クラブ活動や文化祭、とにかく毎日、毎日私は全力で生きていたようです。一つひとつを先生は事細かに覚えていてくださいました。

そして11月の舞台「ピアフ」の公演に来てくださることに。私は本番前の楽屋を雀《すずめ》のように飛び回り「今日、私の大好きな中学の先生がいらっしゃるの。だから、お願いします」と何の関係もない出演者全員に声を掛けました。

3時間後、あのころ15歳だった私は60歳を超え、28歳だった先生は少し白い髪に。でもお顔は当時のまま優しく穏やかで全く変わっていません。私たちは、ずーっと手を握り合いながら、お話ししました。

「大竹、俺が大竹に勉強しなさいって言ってたの覚えてる？　頑張ればこの子は東大に行けるって思ったの。そしたら、それがこんな形で花開きました」。そう言って先生は、私の前で花丸を作ってくださいました。

楽屋から大声で「この方が私の大好きな島田知良先生です」。叫びました。出入口までみんなで手でアーチを作り、花道にして先生に通って頂きました。

先生は、深く深く丁寧に頭を下げ、「みなさん、ありがとうございます。どうぞ、大竹を宜しくお願いします。この子は頑張り屋で、いい子なんです。本当に大竹を宜しくお願いします」。私は胸がいっぱいになった。

先生、私はこれからもずーっと先生の生徒です。

島田知良先生です。奥様、
お姉様（左端）と

深く、確かな母の愛

一年が終わる。

母との別れがあったこの一年が終わろうとしている。母がいないクリスマス、そしてお正月が来て、時間は前と変わらず同じように過ぎてゆくのだろう。淋《さび》しさを抱えながらも。

一気に気温が下がったある日の夕暮れ、買い物を終え、街を歩きながら突然涙がこぼれ、信号がぼやけて見える。

「あー、淋しいなぁ、逢《あ》いたいなぁ」と、立ち止まり、小さな独り言を漏らす。勿《もち》論《ろん》、道行く人々はそんな私を気にも留めずに忙しそうに通り過ぎてゆく。

もっともっとお買い物に連れてきてあげれば良かったなぁ。花を買いに、タオルやふきんを買いに。孫たちのパジャマを買うのが楽しみだったのに……。ちょっと頑張れば、もう少し時間は取れたはずなのに……。

母は幸せだったはずだ。それでも後悔の念が押し寄せては消えてゆくことの繰り返しだったこの4カ月。昨夜、引き出しの整理をしていた娘が、「おばあちゃんのメモが出てきた」と言って、小さな紙を持って来た。

私がまとめておいた娘の作文や絵の中に交ざっていたという。息子が中学生の時に同好会で陶芸をやっていた時のこと。初めての作品を持ち帰り、それを見た母の、仕事から帰ってくる私へのメモ書きだった。リビングのテーブルの上に、茶色く焼き上げたお茶碗《ちゃわん》の横に添えてあった母のメモ書き。

『しのぶへ　二千翔《にちか》の作品です。まだ学校にあるそうです。色合いと云《い》い出来上がりがすばらしいと思いませんか。何だか涙が出そうになり感激してしまいました。陶芸家になれば……。地味で孤独で奥深い仕事だけど、窯を持つ迄《まで》は長い間修行しなければならないしと話しました。嬉《うれ》しかったです。江《え》すてる』

お母さん、あなたが私たちにかけてくれた言葉の一つひとつ。あなたが私たちにそそいでくれた愛の一つひとつ、目には見えなくても、今それは確かなものとして、私の、そして孫たちの心の中で生き続けています。ありがとう。あなたに逢えて、私は幸せでした。

別れがあるのは仕方のないこと。人はその悲しみを背負ったまま、けれど同時に沢山《たくさん》の愛も持ち続けることが出来ることを知る。そして愛は、時と共に深く、確かなものになってゆくのだなと、小さなメモ用紙から教えてもらった。気が付くと娘

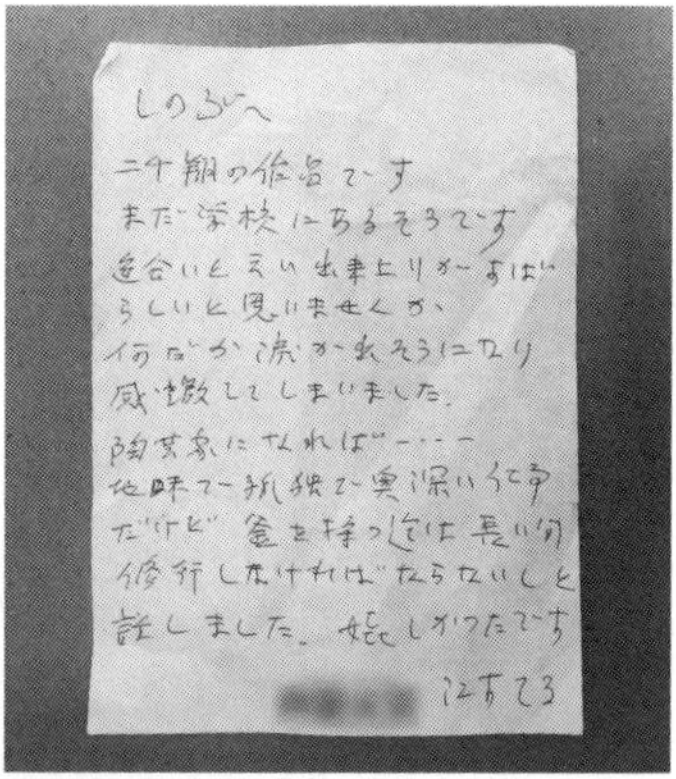

しのぶへ
二十期の作品です
まだ学校にあるそうです
色合いといい出来上りがすばら
しいと思いませんか
何だか涙が出そうになり
感激してしまいました。
陶芸家になれば……
地味で孤独で奥深い仕事
だけど 金を持つ迄は長い間
修行しなければならないしと
話しました。嬉しかったです
[redacted] にすてる

まだ沢山あるかもしれない
母のメモ書き
（画像は一部加工しています）

が横で泣いていた。

新しい年も、楽しく、ファイトを持って生きてゆきます。

あなたのように。

私が歌いたい理由

２０１９年。新しい一年が始まりました。

仕事始めは、元日明けの2日、17日兵庫から始まるコンサートのリハーサル。

お正月の静かな、そしていつもより少し澄んだ空気が流れる街をすり抜け、都内のスタジオにこもる。音の確認やアレンジの打ち合わせなど、時間はあっという間に過ぎてゆく。

3年ぶりのコンサート。芝居とはまた違う緊張感と楽しさに心が躍る。

役を通してではなく、一曲一曲の主人公を表現しながら歌うのは、とてつもなく楽しいものだ。が、きちんと歌えるようになればの話で、そこにいくまでは、まずは歌い込むことが必至だ。そうなったとき、音楽はだれよりも心地よい相手役になってくれる。

今回はピアフの楽曲を中心に歌うのだが、その他にも、誰もが知っている日本の歌も。

なぜ歌うのだろう。

私は、なぜ歌いたいのだろう。

それは、やはり音楽に乗せて自分の想《おも》いを届けたいからなのだと思う。

先日、甥《おい》の結婚式で歌う機会があった。甥っ子と、その母親である妹からのリクエストは「The Rose」（作詞・作曲＝アマンダ・マクブルーム）だった。ベット・ミドラーが歌っているこの曲に、渡辺えりさんの訳詞で（私もなんとCD化しています）、本当に力が湧いてくる歌だ。

――ひとは言う　愛はむなしい　胸こがし　おぼれるだけ――

――生きること　それは愛　あなたが　その種――

まだ二人の子供が小学生の頃離婚をし、女手一つで育て上げた妹の苦労してきた20年間を想い、心を込めて歌った。

妹も甥っ子も泣いていた。苦労して育ててくれた母を想い、そして立派に育ってくれた息子を想い、二人の涙に私も歌いながら胸がいっぱいになった。

歌は過去にも未来にも、光を当てることが出来るのだ。そんな歌が歌えるよう、頑張ります。ドキドキする歌もあれば、芝居のような歌もありますが、あー、この歌が聴けて良かった、そう思っていただけるよう。そしてなにより、明日からも頑張って生きてゆこうと思えるような、そんな時間にしたいと思っています。

ぜひ、ぜひ、いらしてくださいませ。

バタバタせずに暮らしたい

私はいつも全てにおいてギリギリだ。出掛ける支度も、予定を立てるのも、台本を覚えるのも、この原稿を書くのも。

今はコンサートの用意に追われている。その前は、ＮＨＫ大河ドラマの撮影で熊本弁を必死に覚え、その前は……。

いつからこうなってしまったのだろうとふと考える。

高校へ通いながらの朝ドラの撮影。３時間だけ授業を受け、早退しＮＨＫへ向かう。電車の中で台詞《せりふ》を覚え、渋谷駅から走ってＮＨＫへ。玄関からスタジオまで制服でバタバタと走る姿は当時有名だったそうだ。

子育てもギリギリとバタバタの繰り返しの日々。幼稚園は、門が開いている時間に何とか送り込み、朝の学校の準備もギリギリだった。必然的に子供もバタバタとなり、朝の我が家の廊下は走りまわる私と娘の足音でにぎやかだった。

そんな中、自然に台本を覚えることだけは早くなった。が、そこがいけない。つまり何度も何度も読み込むという習慣がなかなかつかない。

新藤兼人監督の映画「生きたい」で三國連太郎さんと共演した時のこと。撮影前の本読み。三國さんの台本はもう読み込まれボロボロだった。私の方はと言えば……、きれいなまま。

三國さんはあらゆるアイデアを提示される。監督は一言「それはいりません」。「それもしなくていいです」。でも三國さんはめげない。私は自分のアイデアなんて一つもない。ただ書かれていることを覚えていただけだから。

撮影当日、三國さんは誰よりも早くセットに入り、今日のシーンを一人練習なさっていた。

「何度も読み直しされたりするんですか？」

「最初から最後まで、何回も何回もね。最低でも百回は読むでしょう。君はいいね、

コンサートの準備中。楽しい
時間になりますように

自由でのんびりしていて」と笑われた。本番での三國さんの演技こそ自由で繊細で、衝撃的だった。私は深く深く反省した。

人にはそれぞれの時間の使い方があるのだから、私は私のやり方で、これからも必死にやっていくのだろうが、三國さんの素晴らしさは、一生胸に残るものだった。

今年こそきちんと予定を立てて生きてゆこう。手帳にもちゃんとスケジュールを書き込もう。あ、その前に手帳を買わなくちゃ。

ボスと息子と幸せな夜

先月、1月29日は、長男・二千翔《にちか》の34歳の誕生日。

家族ぐるみでお付き合いしているお寿司屋《すしや》さんでお祝いをすることに。

娘が体調を崩し、私、息子、そして前の夫であったさんまさんと3人での食事が始まった。

昨年9月に母が亡くなった時も、彼は真っ先に駆けつけ一緒に母を送ってくれた。

私たちが結婚したのは30年前、ほぼ今の二千翔と彼が同年齢の時だったということに気づく。

　二千翔はまだ3歳だった。

　離婚後も息子の友人たちと一緒に、旅行に行ったり、食事をしたり、交流はずっと続いていた。

　一度は父親と息子になった二人がぼそぼそと会話を始める。

「仕事はどうなんや」

「うん、今こういうことを始めたんだ」

　息子は携帯を見せながら今の状況を一生懸命説明している。

「社員も増やしたから、今頑張らないとダメなんだ」

「彼女は？」

「全然」

　まるで、ドラマの父と息子の会話のようだ。

　二千翔の実の父は、2歳の時に亡くなったので、息子は父を知らない。義理ではあったけれど、父として接してくれた4年間のさんまさんとの繋《つな》がりは今も確かなようだ。

　さんまさん自身も幼いころに実の母親を亡くしていた。

母が亡くなった日に、飼っていた犬に手を噛《か》まれたこと。それが、唯一の母との思い出だという。

その後、再婚した父と義理のお母さんと一緒に暮らしていたものの、どうもしっくりいかず、苦い思い出も聞かされたことがある。

その日は、３人で色々な話をした。昔聞いた話もあれば、初めて聞く話もあり、驚かされる。幼少の頃の彼の淋《さび》しさや悲しさが、改めてまた見え始めた。

ずっと一緒に過ごしてきた訳ではないけれど、一度は縁あって家族になった者同士が、前よりも少し正直になり、何でも話せるようになってゆくのはやはり、なかなか良いものだ。

それが、心で一緒に生きてきた年月というものなのだろう。

点と点にならず、かろうじてでも繋がっている線があるから、この繋がりが生まれているのかなと思う。

帰りの車の中で、「今日、ボス（さんまさんのことです）何だか嬉《うれ》しそうだったね」

そう言う息子も幸せそうで、私は助手席に座りながら、母がいたら喜んだろうなと密《ひそ》かに思った。

娘がいなかったのがちょっと
残念でしたが、
楽しい夜になりました

スリランカの優しい風

ドクターは、私の脈を取りながら目をつむり、優しく頭に手を乗せた。

「Close your eyes.（目を閉じてください）」

今月3日に名古屋のコンサートを終え、東京へ戻り、例のごとく慌ただしく旅支度をし、早朝成田に。いつも一緒に旅をする友人チカちゃんと4泊5日のスリランカへ。前にも一度受けたことのあるインド伝承の医術であるアーユルヴェーダの診察を受けにやってきた。

脈診《みゃくしん》だけで、過去の病気や現在の体調などが分かり、その人に合ったオイルや漢方で体調を本来のものに戻してゆくというアーユルヴェーダの施療院。

美しいドクターだった。

鳥のさえずりだけが響く静かな時間。5〜6分経っただろうか、ドクターは美しい瞳を開け、そのまま黙って一枚の紙に身体の絵を描き、集中した様子で私の身体の問題点を頭の天辺からつま先にわたって書き込みをしてゆく。

以前に、子宮の病気のために手術をしたこと。子供の頃の体調、20代の頃の体調、そして今の状態など、全てがそのものズバリで驚かされる。なぜ、脈だけで分かるのだろう。

「Short memory」。ドクターが、記憶の時間が短いという。例えば「あ、鍵どこにやった？」「あれ、私、今何しにここに？」というようなこと。た、た、確かに、年齢のせいではなく、昔からだったかもしれない。

「感情が普通より激しく、ドーパミンが出ている状態が長いので、眠りにつきにくいのでは？」

「私は俳優をしているので、普通の人よりも激しい日常の中で生きているから」と説明しながらも、そうか、私はそんな風に長い間肉体を、たとえそれが作り事であっても、毎日のように激しい感情をほとばしらせ、酷使していたことを思い知る。

そして最後に「この10年、とてもストレスのある生活をしてきましたね」と、ドクターが言う。

　母とのこの10年、確かにストレスがなかったと言えば嘘《うそ》になる。老いてゆく母と手助けが必要となる日々の暮らし、ヘルパーさんの手配、他人にお願いをすることの気疲れ。

　母との生活の10年が甦《よみがえ》る。そして、今はそのストレスさえも悲しく、淋《さび》しく懐か

しい。

「She passed away.（母は逝《い》きました）」

私は淋しく呟《つぶや》いた。

楽しんでね。自由になってね。優しい風の中で、母がそんな風に言ってくれたような気がして、私は少し泣きそうになった。

息子のおつかいと治療法

慌ただしいスリランカ旅行から帰って来た翌朝、仕事で名古屋へ。時差もあるし、10時間近い飛行機の移動だから、もう少しゆったりスケジュールを組めばいいものを、ギリギリまで思い切り楽しみたい気持ちが先立って、いつもキチキチだ。

嫌な予感はしていた。帰りの機内でも全く食欲がなく、咳《せき》がゴホゴホと出る。

「Are you okay, madam?（大丈夫ですか?）」と、優しい客室乗務員さんが何度も声を掛けてくる。翌日の名古屋の仕事を終え、夜の新幹線に乗った時は、風邪をひいたことを認めざるを得なかった。

今日は日曜日。息子は家にいる。夕飯はどうしたのだろう。もう34歳になるのだから、勝手に自分でやるのは当たり前だが、ついつい甘やかして作ってしまったりしている。が、今日は無理だ。

そう思いながらも、フラフラの身体で冷蔵庫を開けてしまう主婦の習性。知り合いから届いたもつ鍋セット、これなら野菜を切るだけ。買い物くらいはしてもらおう。「ニラ、キャベツ、もやし、この三つはお願いね。あと、今熱が38度近くあるから、解熱剤とせき止めもお願い」

「お母さんは寝てて。オレが美味《おい》しいうどんでも作ってあげるから」。そんな、テレビドラマのような優しい息子はここにはいない。「わかった」。待つこと20分、小さな袋を下げて帰ってきた息子。

ポンとテーブルの上に置いたのは、なんと、も、も、もやしのみ。ははーん、近くのコンビニだけで済ませたな。大通りを渡ったスーパーに行けば、ニラとキャベツはあったはずだ。そして、私の肝心の「薬は？」と聞くと、「飲まない方がいいよ」と一言。

息子は、持論にあわないものは頑として受け入れない。たばこは勿論《もちろん》、お酒も飲まない。熱を出した場合でさえ薬の助けを借りず、自然に熱を出して下がるのを待つ。

ひえー、そ、そ、そんなバカな。今の私の状況を見ても何も思わんのかい？　寒い寒い雪の日でも（降ってはいなかったが）母親の薬を買い求める優しい少年の心は持っていないんかい？　と、ここまで出かかったが、買ってきたもやしと残り野菜で二人淋《さび》しくもつ鍋を囲む。

よし、息子の思い込み通り今日はやるしかない。ほうじ茶に梅干しを入れて飲むのも風邪に良いと聞いたことがある。しょうがをすって、蜂蜜でジンジャーハニーだ。

ほうじ茶をゆっくり飲み、早めにベッドにつく。果たして……。

翌日、私の身体は何とすっかり元に戻っていた。ありがとう、二千翔《にちか》くん。でも……母が亡くなって半年、全く開かなかった薬箱、ちゃんとチェックだけはしておこう。

笑いを作り出す仲間たち

またまた楽しい仲間との集まりがあった。

三谷幸喜さん、南伸坊さん、平野レミさん、森山良子さん、清水ミチコさん、そして幹事は我らが阿川佐和子さんである。皆がそれぞれに繋《つな》がりがあり、もう何年も前から私も仲間に入れてもらえるようになり、年に何回か開かれる抱腹絶倒の時間を共にする。

何しろこのメンバーだ。皆、個性的でエネルギーに溢《あふ》れ、ついでに才能も有り、おまけに少し変わっている。

私と三谷さんは若輩者という感じで、時々とぼけた突っ込みを入れるぐらいが関の山なのである。

この夜も楽しかった。

良子さんが、ずっと一緒に暮らしてきた認知症だったお母さまの話をされる。帰って来た良子さんに「あなた、何故《なぜ》ここが分かったの?」「だって、私はずっとここに住んでるでしょう」「ダメよ、ダメ、ダメ。私たちはここに拉致されてしまっているの。私たちの家にそっくりなお家《うち》なだけなの」。ある時は、病院で一緒の人を「あの方は、堺正章さんね。お花を差し上げたらどうかしら」と言って本当にお花を渡したり、それを良子さんは面白可笑《おか》しく演じながら話してくださる。古き良き時代の高尚なコントを見ているような気持ちになってくる。良子さんは名女優なのである。

かと思えば、今度は佐和子さんがご友人の方のお見舞いに伺った時のお話をしてくださる。もう長くないと聞いて、その方のそばに座り、思い出話をしていると、いつの間にかご家族の方が席を外されていたというのだ。その途端、その方の呼吸が「フー」と……。佐和子さんは手を握りながら「奥様ー!、奥様ー!」と叫んだという。そして、それも笑いながら話される。

人が亡くなっていく話でさえもだ。母親の記憶が崩れてゆく話でさえもだ。勿論《もちろん》、その時は苦しくもあり、悲しくもあったであろう。それでもお二人は、その悲しみを笑いに変えてしまうパワーがあるのだ。そうやって人生を生きてきたのだ。

ふと井上ひさしさんがチェーホフについて書かれた戯曲の中の台詞《せりふ》を思い出した。

「笑いというのはね、人から与えられるものではないんですね。自分で作り出すものなんです」

そうなんだ、笑いは自分の中にあるものなのだ。自分たちで作り出すものなのだ。あれだけおしゃべりをして、あれだけ笑っているのに、次々に出されるお料理をペロリと平らげるこのエネルギー溢れる仲間たちとの素晴らしい時間に、私は心から感謝した。

8歳の役者が誕生した日

七緒《なお》ちゃんは泣いた。

おしぼりで顔を覆い、零《こぼ》れてくる涙をぬぐい、こみあげてくる嗚咽《おえつ》を漏らしながら、向かいで話しているお父さんの言葉を必死になって聞いている。隣に座っている私は、ただただ見つめるしか出来なかった。

三月大歌舞伎、歌舞伎座での初日の夜のことだ。

夜の部「盛綱陣屋」という演目で、七緒八《なおや》くんこと中村勘太郎君は、大役を任されることになった。台詞《せりふ》も膨大にあり、父の計略成就の為《ため》に自ら切腹し、父や母への愛を訴えながら死んでゆくという難しい役を8歳の七緒ちゃんが演じることにな

おいしいお肉を食べて
少し元気になった勘太郎くんです

ったのだ。

2月、出来上がったばかりのチラシを見せながら、「七緒はね、このおじちゃまも、このおじちゃまも、このおじちゃまも知らないの」。

「えー、だってみんな、七緒ちゃんのこと知っているし、七緒ちゃんだってお逢《あ》いしたことある方ばかりでしょ」

「そうじゃなくて、そうじゃなくて、お芝居をするのが初めてなの」と心細げに言う。

これまでの2回の舞台は、父である中村勘九郎さんがいた。叔父である七之助さんもいてくれた。たった一人での大役に不安を隠せないのは当然のことだ。

歌舞伎の場合、全員揃《そろ》っての稽古は数日で、それぞれが自主稽古をするというのが通常である。七緒ちゃんも勿論《もちろん》、自宅の稽古場でお稽古を積んできた。

勘三郎夫人の好江ちゃんは、ホームセンターに行き、芝居で使われるのと同じサイズである柱を買ってきて、お稽古用に組み立てリビングで稽古をつけていた。

そして、いよいよ初日。

私たちは祈るような気持ちで客席から七緒ちゃんを見守る。それしか出来ない。

私は、自分の初日よりも遥《はる》かに緊張していた。きちんと大きな声で台詞を言い、立派に立派にやってのけた。客席は中村屋の掛け声で盛り上がる……。

が、しかし、身内だけでの食事の時に七緒ちゃんは泣き出した。台詞を一カ所、忘れてしまったこと。緊張しすぎて思うように出来なかった自分。それを誰よりも分かっていたのは、七緒ちゃん自身だった。

「お客様は怖くないよ。七緒、怖いことは何もないんだよ」。父の言葉にも涙をボロボロ零し、泣き続ける。

側にいた私も「七緒ちゃん、たけばぁ（私のことです）も、おわん（勘九郎さんのこと）も七緒ちゃんと同じなの。毎日毎日、今日もダメだった、明日こそ、明日こそってやってるの。3人一緒なの、だから明日も頑張ろうね」。それだけ言うのが精一杯《せいいっぱい》だった。

役者中村勘太郎のスタートの日だった。

涙が希望に変わるまで

3月11日。あれから、8年が経ったのか……。と、一人呟《つぶや》く。去年と同じだ。あれから、7年も経ったのかと。そう、結局は他人事《ひとごと》なのである。

被災された方たちの8年の時間の重みは、私のそれとは違う。たとえようのない絶望感の中で何とか希望を見いだそうとしたり、また挫《くじ》けたり。想像を超える深い苦しみの中での8年の歳月に想《おも》いをはせる。想うだけで何もしていない自分の胸が罪悪感にチクリと痛む。録画しておいた、年々減ってゆく特別番組を一人半ば呆然《ぼうぜん》と観《み》始める。

復興住宅での孤独死が急増しているという。家族がいる人はまだいいのだろう。いや、家族はいても離ればなれの人もたくさんいる。地域の支援団体に助けてもらえる人はまだいいだろう。人間関係を築くのが苦手な人はどうやって生きていくのか……。

生きる喜びであり糧であった田んぼや畑もなく、職も失い、小さなマンションに住めと言われても、一体どこに生きがいを持てば良いのか。心の復興は、どこに見いだせば良いのか。

80歳近い男性が「希望などどこにもねぇ」と淡々と呟いた。アルコール依存症になった70歳くらいの男性も「このまま死ねっかなと思って、酒飲んでしまうのよ」。一人淋《さび》しく呟く。

8年……。この人たちが一体何をしたというのか。考えよう。きちんと考えよう。でも、私に一体何が出来るのか……。

そんなことを思っていると大好きなRADWIMPSが、今年も曲を発表してくれました。メンバーの野田洋次郎さんは33歳。優しく、美しく素敵《すてき》な人です。彼が優しく包み込むような声で歌っている。

どうしようも出来ない自分が、どうしようもなく苦しむ人たちを想い、RADWIMPSの歌に希望という光が見えてきた。沢山《たくさん》の人にこの想いが伝わればと心から思うのです。

「夜の淵」
〜もう少しで　朝がくる
眩しいほどの　光連れて〜
〜小さなロウソク　大事に灯し
夢で手をつなぎ　一緒に眠ろう〜

この8年、様々な災害が起こった日本でした。その人たちは涙を流し、今も闘って生きているのでしょう。そして、支えているボランティアの方たち。本当に頭が下がります。

来年2020年は、オリンピックイヤー。世界のお祭りに、日本はきっと活気づくのだろう。けれどその中であってこそ被災された方たちの明日への希望が見いだされる政策を立て、実現されることを願ってやみません。

先生のキラキラした瞳

「教師という仕事は、3日やったら止《や》められないんですよ」。見城先生は少し上を向き、そう仰《おっしゃ》った。今までの生徒さんの一人ひとりの顔を想《おも》い出しているようにキラキラした瞳で。

見城慶和先生。夜間中学教師になりたくて、教壇に立ち、42年間公立中学校の夜間部の先生を勤めあげた。退職後も生徒たちのたっての希望で「えんぴつの会」という勉強会を開き、多くの生徒さんがやってきている。

山田洋次監督の夜間中学を舞台にした映画「学校」や、ドキュメンタリー「こんばんは」も見城先生がいらしたから出来上がったと言っても過言ではない。

夜間中学は、何らかの事情で学びたくても学べなかった人たちが、もう一度学校へ行きたいという想いから通う学校である。

貧困のために行けなかった人たちもいた。60歳、70歳になっても自分の名前を書けず、区役所などの手続きの時は、わざわざ包帯を巻き、指をケガしたので書いて欲しいとごまかしてきたという人。足し算、掛け算も出来るようになったと嬉《うれ》しそうに話す人。引きこもりなどで行けなかった子供たちがもう一度学びたいと思ったり、海外から来た方が最近では多くなってきているともいう。

学ぶことの喜び。その生徒の夢を切り開く教師の喜び。見城先生の冒頭の言葉に心から感銘を受ける。

私の父は教師だった。父が大好きだった私は自分自身も教職に就くものだと思っていたのだが、俳優の道をゆくことになった。

そんな私が、夢だった教壇に立ったことがある。

母校である小学校に担当の教師として、2日間だけ授業をする「ようこそ先輩」という番組でのこと。

生徒一人一人が、私の言葉を輝く目で聞いているのを見ているうちに、私は逆にどんどんと苦しくなってきてしまった。私の言葉を、私の考えを、私自身をこの子たちは聞いて、見て、吸収しようとしている。この子たちの未来は、私に掛かっているのだ。

一人一人の人生に、愛や責任を持って、接しなければ教壇になんて立ってはいけないのだ。見城先生が生徒を想う愛を目の当たりにしたからこそ、たった一回の授業でも、私には忘れられない時間になったのだ。

教師だった父の為《ため》に、今年もお墓参りをしてくださる生徒さんがいる。あれから42年も経っているのに、生徒さんが花を手向けて下さる。先生がいたから、今の僕がいます。と、70歳になる生徒さんがおっしゃった言葉。私は少し誇らしかった。

「令和」の春に母を思う

1日。桜が満開の東京で、新しい元号が発表された。「令和」に決まり、5月1日から施行される。

春、人々がワクワクするこの時期に決定された新しい時代の名前。それを聞いた時、正直私は少し違和感を覚えた。命令の上に成り立つ平和というイメージが先行し、やや怖い気持ちにさえなった。

息子にそのことを話すと、「令というのはグッドの意味もあり、俺は良いと思うよ。令嬢や令息、令月、素晴らしいという意味も多く含まれている文字なんだ」と説明され納得がいく。母が亡くなってちょうど7カ月。月命日のその日、妹や私の友人らと家で母を偲《しの》んで食事をした。おばあちゃんがいたらなんて言っていただろうね。

大正昭和平成と生き抜いてきた母なのだが、面白いことに、生年月日を問われると、いつも西暦で答えていた。もう西暦に統一した方がややこしくないわね、とさえ言っていた。

友人が言う。「おばあちゃんてさ、自分の考えをはっきり、きちんと言ってくれる人だったね。もっともっと話したかったな」

友人は去年還暦を迎えたが、10年前から夢だった仕事にもつき、毎日忙しくしている。子供たちも独立し、孫も生まれた。

が、旦那さんとはどうもしっくりしていない。考えたら若い頃からだ。今、残りの人生を考えた時に、これでいいのだろうかと考え、少しストレスを感じているという。

「それってさ、つまらない舞台をやっているみたいだね」と私が言う。どこかに嘘《うそ》があるということだ。感じたことを感じたままに言葉に出来ず、これでいいのかと思っているうちに終わってしまう。自分自身に嘘をつき続ける、そんな芝居をやっている時は、絶対に自分を解放することは不可能であり、精神的に辛《つら》くなっていく。

「向き合おうよ。ごまかさずに、目をつむらずに。しんどいかもしれないけれど、真実の中からしか喜びはみつからないもんね」と、そんなことをみんなで話す。

未《ま》だ母を失った悲しみから抜けられない妹、夫婦の問題で悩んでいる友人。新しい芝居、初日を控え格闘している私。

テレビでは、新しい時代に希望を持ちたいと、みんなが少しはしゃいでいる。人それぞれの4月1日。リビングのテーブルに置いてある写真の母は、嘘をつかず96年間を生き抜き、今幸せそうにバンザイをしている。

「令和」

英訳すると「Beautiful Harmony」だとか……。

美しい時代にしたいな。色々な意味で。

そこにはニーナがいてくれる

今日も走る、走る。

シアターコクーンのロビー。舞台「LIFE LIFE LIFE」開演2時間前。軽くストレッチをして、台詞《せりふ》の確認、そして発声。ここまでに約1時間。メイク開始までの数分間、私はこのロビーを何度も行ったり来たりしながら走る、走る。

この劇場で、このロビーで、このルーチンで走り始めて一体何年経《た》ったのだろうか。

走り終え、客席に入る。一つひとつの客席をチェックしている劇場のスタッフさん。全てのチェックをして開場を待つ我らがスタッフと会話をして「さぁ、今日も頑張ろう」とみんなで軽く気合を入れ合う。

ストレッチマットとバランスボールを抱え、今日も歌いながら楽屋への階段を下りる。そして……そこには、いつも蜷川さんがいた。

シアターコクーンの芸術監督である蜷川幸雄さんがいつもそこで待っていてくれた。

慣れ親しんだロビーで今日も
ストレッチをしています

「演出家席」と書かれた紙が貼ってある楽屋の廊下の片隅。小さな椅子とテーブルが置かれ、いつもニーナ（蜷川さんのことです）は、座っていた。「しのぶちゃん、おはよう。さぁ、今日はどんな芝居を観《み》せてくれるの？」と気合を入れてくれる。良い芝居をすると子供のように喜んでくれた。私たち役者はその喜ぶ顔が見たくて、いつも必死になっていた気がする。

蜷川さんは20年前に初めて一緒に仕事をして以来、沢山《たくさん》の作品を一緒に作ってきた同志である（これは蜷川さんが私に言ってくださった言葉です）。

「結局さぁ、俺たちはさぁ、仕事人間なんだよ、仕事バカ、しのぶちゃんも俺も劇場以外生きるところはないんだよ。芝居している時が一番幸せで落ち着くでしょ。さぁ、他の幸せはもうあきらめなさい」

激しいギリシャ悲劇の2回公演の終演後、私がまだ興奮冷めやらず楽屋に戻り「あー、今日も楽しかった。あともう2回は出来る」と言うと、嬉《うれ》しそうに「バケモノ」と言われ二人でゲラゲラ笑った。

今日も階段を下り楽屋に入ろうとした時、ふと蜷川さんがその場所にいるような気がした。

そんな気がした。

昨日読んだ「永六輔のお話し供養」に書かれていた言葉を思い出す。雑踏の街や電車の中、劇場の遠い席にその姿を見かけ、思い出が蘇《よみがえ》ることがある限り、その人は死んではいないのだと。永さんは何度も親しい友人であった渥美清さんの姿を見たという。だから渥美さんはまだ生きていらっしゃるという。

私は永遠に蜷川さんに言われるのだろう。

「さぁ、今日はどんな芝居を観せてくれるの？」

よし、幕が上がる。

夜の病院へ運ばれたァ

突然、視界が遮られた。

眼科での眼圧検査のように（正しいかは曖昧《あいまい》だが）目の前の景色がすーっと小さくなり、パシャッと遮られ、真っ暗になった。あとは……覚えていない。気が付くと座っていた椅子に倒れ込んでいて、「しのぶさん、しのぶさん」という事務所のスタッフの顔が見える。

見覚えがない天井。ここはどこ？　少しずつ意識がはっきりしてくる。一緒に食事をしていた皆も、心配そうにのぞき込んでいる。ポン酢の匂い。そうだ、食事をしていて、さぁ、これからいよいよお鍋を食べようという時に「動悸《どうき》がする……」と呟《つぶや》いた、までは覚えている。

気を失った？　こんなこともあるんだと思うと、そこにピーポー、ピーポーというあの音が。「え？　やっぱり私？」。あたりが突然騒がしくなり、ドドドッと救急隊員の方々が5、6人入って来られた。おー、まるでドラマのようだ。そして、その患者が私だ。

ここまでの経緯を簡単にスタッフが説明している。私は、突然倒れ白目をむいて一分間ほど気を失っていたそうだ。救急隊員の方が私の顔をじっと見ながらゆっくりと「お名前を教えてください」「生年月日は」「今日が何日か分かりますか？」。ほーほー、ドラマのようだ。少しずつ戻る意識の中で、冷静になってゆく自分がいる。

お酒は、ビールを小さなグラスに一杯も飲んではいない。となると、何が考えられるのだろう。えーい、ままよ。この際、お世話になるしかない。とりあえず病院に向かってみよう。ストレッチャーに寝かされ運ばれながらも、心配そうなお店の方々に丁寧に頭を下げる。「ごめんなさい。また来ます、ごめんなさい」

空を見るとぼんやりと浮かんでいる半月……。人生の最期に見るのがこの半月じゃ、ちょっと寂しいなどと思う自分がおかしかった。

夜の救急外来は、沢山《たくさん》の患者さんでいっぱいだった。アディダスのサッカーウェアのような仕事着の若いドクターが、私の担当だった。

「アディダスが提供しているんですか？　オシャレですね」と場違いな話をする私。すみません、もっと大変な方がいらっしゃるでしょうに、こんな感じで……ハイ、スミマセン。「大丈夫ですよ。とにかく検査しましょう」。優しく答えて下さる。

お医者さんにしても救急隊員の方にしても、本当に神様のように思えてしまう時がある。自分の命を委ねるのだから。私の場合はただの貧血で検査結果も問題なく、すぐに帰ることが出来た。

少しずつ自分の身体を労《いたわ》っていこう。きちんとした検査もしよう。沢山の方に感謝の気持ちと申しわけない気持ちとでいっぱいになり、我が家に帰った。

8歳の「気」に引き込まれ

チャリーンと音を立て、揚げ幕が開く。

バテバテバテと附けの音。ドッドドドッドッドドと花道を駆けてくる勘太郎、8歳。勘九郎さんの長男である。七三のところで立ち止まり、見得《みえ》を切り踊り始める。それだけで、もうそれだけで涙が溢《あふ》れてくる。

雀成会という勘太郎くんにとっては大伯母様にあたる家元中村梅彌さんの会での「芝翫奴《しかんやっこ》」という踊りでのこと。3月に歌舞伎座で1カ月大役を果たして以来、すぐに稽古を始めていたのは知っていたので、ぜひ観《み》に行きたいと思っていたが、仕事をしている私が一回だけの公演に観に来られることの奇跡を思う。

勘太郎くんの祖父である勘三郎さんがいつものように、上の方からチョチョチョっと仕組んでくれたのかなと思うほど、波野家（本名です）の大切な日に参加できることに感謝する。

可愛い長三郎（のりちゃん）の初めての女形。赤いおべべをきたのりちゃんが大きい白い雪の玉を押しながら出てきた。あまりの可愛らしさに笑いが起こり、何とも言えないしぐさに、身体からにじみ出る愛嬌《あいきょう》に会場全体が幸せな空気に包まれる。これは天性の持って生まれたものだとつくづく思う。きっとおじいちゃんから受け継がれたものであろう。

続いて勘太郎（なおちゃん）。花道を駆ける姿、止まる足、手、顔の角度、目の美しさ、けれど何より私を感動させてくれたのは、花道に出た瞬間の彼の「気」だった。つまり「気合」だ。

舞台に立つ人間にとって、絶対的に持っていなければならない「気」を彼はいつの間にかしっかりと身に付けていたのだ。そして、それは15分間、エネルギーに満ち溢れ、すさまじい集中力で観る者を魅了し続けた。彼が集中すればするほど、観客も彼の世界に引き込まれてゆく。

お家《うち》に遊びにゆく度に1時間でも、2時間でもお芝居ごっこをして遊んでいたなおちゃん。3月の大役での初日の夜は、上手《うま》く行かなかったと号泣していたなおちゃん。今日まで、時間があれば所かまわず、ずーっと練習していたなおちゃん。観られる緊張感から、観られる喜びに変わった夜だった。8歳の勘太郎は、それをもう十分に味わっていたのだ。

彼は一生、この「気」を身体に染み付けて舞台に立ち続けてゆくのだろう。祖父

終わったばかりの勘太郎くんと。
まだいつものなおちゃんには戻って
いません

である勘三郎さん、父である勘九郎さんのように。勘三郎さんの妻である好江ちゃんがその夜、私に言った。「役者はね、安易に舞台に立ってはいけないのです。それが私に教えられる唯一のこと」と。

中村屋スピリットはこうして受け継がれてゆくのだ。

3人で、笑われてなんぼ

稽古、稽古の毎日である。

渡辺えりさん、キムラ緑子さんと2016年に新橋演舞場で公演した舞台「三《さん》婆《ばば》」が2019年5月31日、大阪で再演の幕を開ける。

東京オリンピックが開催される少し前、58年前の1961年に書かれた有吉佐和子さんのこの原作は、実に瑞々《みずみず》しく、喜劇という笑いの中に包まれながらも、鋭く私たちの胸に突き刺さる。職を持たず、連れ添いもない3人の女が、老後をどうやって生きてゆくのか。孤独とは何なのか。生きてゆくとは、そして死とは、人生とは何なのか。大きなテーマが笑いの中に見え隠れする傑作だ。

渡辺えりさん、キムラ緑子さんが素晴らしい。えりちゃんの何とも言えない愛《あい》嬌《きょう》と思い切りがある芝居に、稽古中でも何度も私自身が笑わされる。えりちゃんは常に真剣だ。必死になって、60歳まで恋愛もしないで、身内に依存しながら生きてしまった女「タキ」を演じる。

稽古中、いちいち今の自分とタキを重ね合わせ、3年前より目が悪くなったとか、階段がトントンと上がれなくなったとか、瓶の蓋《ふた》が閉められないと嘆いている。お醤油をどれだけ使ったか物差しで量るシーンでは、初演では使わなかった虫眼鏡を取り出して、真剣に量る（老眼鏡でないところが、またえりちゃんらしい）。笑いの中にある一つの悲しさである。緑子ちゃんも独特のエッジのある芝居を凄《すさ》まじいエネルギーで「駒代」として言葉を発する。

私はこの稀有《けう》な女優さん2人に挟まれながら、自然にタキと駒代に翻弄《ほんろう》される松子を演じる。

3人の共通項、それは3人が3人とも芝居を愛してやまないことである。一度やった演目だからといって、楽だとは決して思わず、一日一日3人共必死に稽古を重ねている。想《おも》いが同じ人といることは、心地よいことであり、大きなものを生み出してくれる。

初演時、28年ぶりだった演舞場。いつもと客層が違うことに戸惑ったが、同時にそこにいらした年配の方たちの笑いのエネルギーに逆にこちらが力を貰《もら》ったことを思い出す。

「笑い」の力というものをしみじみ思った1カ月だった。

私たち役者は、笑われてなんぼのものである。笑わせるのではなく、笑われるのだ。必死に生きよう、タキと駒代と松子として。劇場に渦巻く笑いが明日の力になるように、少しだけ淋《さび》しさと悲しみを抱えながらも。人生はきっとそんなもんなのだろう。

いつでも逢えるね、お母さん

それはもう夏の空だった。

母の肉体であった一部と別れなければならないその日、真夏のような青い空に白い雲が湧き上がっていた。

亡くなって2カ月過ぎた頃から、母はもうこの家にはいないことを漠然と感じて

お父さんも、いつもあなたを
見ているからね

はいた。帰宅して、まず母の部屋に入り遺影の前に座る。手を合わせてみるものの、母の存在を感じることが出来なくなってきていた。そうかぁ、お母さんはもういないんだ……。その少し前までは、母の匂いさえも存在していたはずなのに。

2歳の時に父親を亡くした息子は、やはり同じ時期におもちゃのトンカチでトントンと積み木を叩《たた》きながら、「お母さん、今日トンタン（お父さん）はお空にお家《うち》を建てたよ」と言っていたことを思い出す。お父さんは天国にいったんだね。と、2人ベランダに座りながら、空を悲しげに見つめていたっけ。

母の存在であった小さな白い箱は、父や生後9カ月でこの世を去った私の兄が眠る墓に納められる。

真っ青な空の下、私たち親族、母と一緒に旅行に行ってくれた私の親友、50年前の父の教え子さんたちもいらしてくださった。牧師さんの話を聞き、讃美歌《さんびか》を歌う。

神ともにいまして　ゆく道を守り――。

主よみもとに近づかん――。

不思議に涙は零《こぼ》れなかった。子供たち、孫、ひ孫までも集まり、30人近くの人が母の遺影に手を合わせているのを、何だか不思議な気持ちで見ていた。

真っ白な雲のまたそのもっと上の方から、私たちを見下ろしている母の姿が浮かんでくる。「あらあら、皆さん来てくださるなんて、ありがたいわねー」。穏やかなそんな声が聞こえてくる。

父と兄に挟まれ納まった母は、土に返り、魂は天高く、空の上にいる。これでいい。これでこの地上での母の人生は、終わったのだ。

食事を終え、再び花に囲まれた母の墓前に行く。みんなで少しホッとしながら談笑していると、少し離れたところにある小さな東屋《あずまや》で、34歳になった息子が静かに犬と戯れていた。

その姿は、亡くなった彼の父親そのものだった。息子の記憶にさえない彼の父親に。繋《つな》がっているのだ。そして繋がってゆくのだ。息子も、父である私の夫も、母も、私も……。

「死ぬなんてちっとも怖いものじゃないのよ。だってこうして、またいつでも逢《あ》えるのだから」。そんな母の声が空の上から聞こえてきた。

I miss my children.

1カ月にわたる大阪での公演が先月31日よりスタートした。これほど長い間家を空けるということは、人生の中で初めてかもしれない。どんなに長い公演でも、地方ロケでも一週間に一度は、必ず子供のために家に帰っていた。

例えば、月曜が休演日の場合、日曜の終演後に新幹線に飛び乗り、二晩子供たちと過ごし、火曜の早朝の新幹線に飛び乗り、昼公演に向かう。映画の場合は、遠くにいても週に一度は家に帰るという条件を飲んでもらい何とか切り抜けてきた。

子供たちは当時、母がみてくれていたので、心配はなかったが、一週間以上家を空けると自分自身の母親としての心のバランスが崩れそうで恐《こわ》かった。

ドラマで、チェコに3週間行かなければならなかった時のこと、当時二人の子供は小学生だった。1週間目は何とか切り抜けた。10日経《た》ち、2週間が過ぎた頃の初めての撮休日。撮影はないのに、なぜ私はここにいなければならないのか——。なぜ子供たちの側にいられないのか——。ストレスはマックスになっていた。

朝、目が覚めても起き上がることが出来ず、頭がズキズキと痛む。目を開けようとすると、まるでジェットコースターに乗っているかのようにグルングルンという凄《すご》い速さで部屋の中が回っている。そのうち目を瞑《つむ》っても部屋中がグルグル回る、身体を引きずりながら洗面所まで行き何度も吐くほどだった。

そして、急きょ病院へ。ドクターに、最初に言った言葉は、「I want to meet my children. I miss them.」。そして、ドクターが一言。「You stay here.」。回された先は、精神科だった。強度のストレスによる一過性のメニエール病という診断。

しっかりしなければ。きちんと最後まで仕事をやる責任があるのに。気持ちを切り替え、良い作品を撮り終えることだけに集中しよう。それが私の仕事なのだ。

上の子が中学生くらいになったある日、同じように一週間に一度のロケから帰って、子供たちと一緒に夜の歯磨きをしていた時だった。

北海道から帰って来た私は「お母さん、また明日北海道に戻るの」と、申し訳なさそうに言ってみた。すると、息子はビックリしたように質問してきた。「その飛行機代は、一体誰が出すの?」「プロデューサーさんだよ」「えー、その人が可哀想だよ。お金が勿体《もったい》ないでしょ。僕たちのことは大丈夫だから、もう絶対に帰って来なくていいからね」。確かにそうかもしれない。その通りだった。子供たちはいつの間にか大人になっていた。

今回の私の不在。淋《さび》しがっているのは、愛犬だけかもしれない。まあいいか。

「60です♡」でもなぁー

どストライクの警官だった。

前日、意を決して購入したヘッドホン。前々から欲しくて堪《たま》らなかったのだが、少々値が張るので、ずーっと我慢をしてきたのだ。やっと、やっと、やっと買うことができ、最高の気分で音楽を聴きながら、その日は仕事場に向かっていったのに……。たった一日で、私の元を去っていくのか。

一体どこで落としたのだろう。電車の中か、はたまた仕事先か、仕事帰りに寄ったプールのロッカールームか、考えられそうな場所全てに電話したが、全てアウトだった。一縷《いちる》の望みをかけて、夕暮れ時の交番に立ち寄ることにした私。そして……。

どストライクだった。年齢は35、36歳だろう。爽やかに、ドーンと落ち込んだ私に微笑《ほほえ》みかけてくれる。「どうなさいましたか?」「え、えーっと、あの、落とし物を」。少々声が裏返る。

「私がパソコンに打ち込みますから、質問にお答え頂けますか」と、パソコンに向かう姿の爽やかなこと。落とし物、失《な》くしたと思われる状況、住所、氏名と聞かれ、

バルーには、優しく可愛く
話しかけています

少々上ずった声で答えてゆく私。「おいくつですか?」。咄嗟《とっさ》にサバを読もうかとよぎったが、そんなことも出来ず「60です」と不自然なぐらい大きな声が、交番に響き渡る。

チキショー、なんで60なんだ。なんで、せめて50代じゃないんだ。いや、出来ることなら40代に戻ってみたい。そんなことを、このオバサンが思っているとはつゆ知らず、手続きはあっけなく終わってしまった。

「出てくるといいですね」とどこまでも優しい言葉をかけてくれる。久々に胸がキュンとなる。「ハイ」と私。

ん? もしかして今、見つめ合っている? 交番を出て数歩歩き振り返る。ん? 見てくれている? ニッと笑いながら手を振ってみる。すると、向こうもニコッと笑い、手を振ってくれる。もう一度振る。もう一度振り返してくる。

「あー、ヘッドホンを失くしたけど、なんか久々に幸せだったよ……」

という、友人からの電話の話を、彼女になったつもりで書いてみました。

「あのさー、胸がときめくと声が高くなるんだねー」。そう言えば長い間飼っていた猫が亡くなってからというもの、優しい声や可愛い声を出さなくなって、声がどんどん低くなってきた気がするとは、別の友人の言葉。そんな、こんな人ばっかりだ。

でもなぁー、可愛い声で60です。と言ってもなぁー。いやいや、それではいけない。「しのぶ、女性はね、たとえおばあさんになっても最後まで可愛くいた方がいいとお父さんは思うよ」と、幼い私に言っていた父の言葉を思い出した。

　でもなぁ、60だしなぁ……。あ、しかも私、61だった。

母の全てを想いながら

　夏が来る。

母が、苦しみもがき、必死に生き抜こうと闘っていたあの夏がまた、やって来る。

一年前の徐々に食欲がなくなっていった5月。なぜ、あの時に、少しでも食べられたあの時期に、母の好物を作ってあげられなかったのか、私は一体何をしていたのだろう……。

　6月、本当にこれが最後かもしれないと覚悟しながら会場も決め、事前に打ち合わせもした96歳の誕生日会。沢山《たくさん》の飾りを用意してくれた私の友人、そして、その飾り付けを手伝ってくれた息子の友人たち。彼らもこれが最後かもしれないと話し

息子と優しい友人たちに囲まれて
バンザイをしている母です

合い、96本の美しいバラを贈ってくれた。母は本当に、本当に、幸せそうだった。いや、幸せだった。

7月、連日の暑さ。クーラーを24時間つけながらも、母の体温調整が難しくなってきた。なぜ、こんな風になっちゃったのかしら。あー、辛《つら》い、辛い。と、口にするようになった母。「今ねぇ、毎日すごい暑さで、日本中のお年寄りが大変なの。だから、おばあちゃんも頑張って」。娘が毎日のように大きな声で繰り返す。

8月、思い出すのも悲しくなる8月。思うように話せなくなった母は、筆談するようになる。いまだに読み返せていないそのノートを見るたびに胸が痛む。トイレに行かせてください。お水をください。身体が痛いです。と乱れた文字。でも、である日のこと、

「今日は久しぶりに、みんなと逢《あ》えた幸せな朝です。ありがとう」と書いて、スープとアイスクリームをほんの一口ずつ食べてくれた、幸せな夜。亡くなる10日ほど前のことだった。

今、公演中の舞台「三婆《さんばば》」の最終場面で、私は80歳になる。幕が開く直前、私はいつも母を想《おも》う。

働いて、働いて、私たちを育ててくれた強い骨は、少し脆《もろ》くなり、曲がっていた。

その母の背骨を想う。こんなになっちゃってと時々見ていた、沢山の食事を作ってくれた皺《しわ》しわの手を想う。私を仕事へ送り出す時の「いってらっしゃい」と振ってくれたあの手の動き。立ち上がる時の必死な顔を想う。全てを想う。

すると、瞼《まぶた》の裏がジーンと熱くなり、母の身体が私の身体に入ってくるのを感じる。「もうじきお迎えが来るでしょうけどね」という台詞《せりふ》を言いながら、これで良かったんだ、と演じている私は思う。ということは、母もそうだったのだろうと信じる。

幕切れ、花の手入れをしながら、ふと目を上げる。昨日は私のイメージの中で、そこには夕焼けが広がっていた。「これで良かったのよ。私は一生懸命生きて来て幸せでしたよ」。そんな母の声が聞こえてきた。

ある「親子」の一日

キヨさんは75歳。現役の結髪《けっぱつ》さんです。3年前の舞台「三婆《さんばば》」で初めてお逢《あ》いして、今回の大阪公演、博多公演と、今も一緒にお仕事をしています。

キヨさんは、よく笑い、よく召し上がり、そして、何よりもよくお喋《しゃべ》りをします。

初代水谷八重子さんにも可愛がられ、50年以上、新派を支えてきた方です。20代の時に恋をして、結婚も考えましたが、キヨさんがいなくなったら困るというみんなの言葉に考え直し、結婚を諦めたそうです。先日の昼休憩、皿うどんを食べながら、そんな話をして下さいました。

そんなキヨさんの傍らには、もう一人の結髪さんで私の担当である斎藤さんがいます。40歳。キヨさんと親子程離れていますがいつも静かにキヨさんの話を聞いています。

私の部屋で、カツラを被《かぶ》せながら「しのぶさんは、たまにだから良いんですよ。あの話、オレもう5回は聞きました」「しのぶさん、次の休憩も部屋に来てくださいよ」と悪態をつきます。実は愛のあるその言葉に、私はいつも笑い転げてしまいます。結髪部屋を時々そっと覗《のぞ》くと、斎藤さんは真剣にカツラの手入れをし、その側《そば》でキヨさんが彼に豆乳で飲み物を作ってあげています。

またある日の大阪での休演日は8時半出発のバスでキヨさんと二人で京都へ小旅行にも行きました。「もう、しのぶさんも来てくださいよ。オレ、辛《つら》いっスよ」と言っていたのですが、次の日話を聞くと「それが思いの外、楽しかったんですよ」と嬉《うれ》しそうに話してくれました。

殆《ほとん》どが中国の方だったので、何だか外国に行っているみたいで不思議に楽しかったこと。集合時間に来ない人や、変わった人がいて、その一つひとつのキヨさんの対応が面白くて笑ってしまったことを、満更《まんざら》でもない感じで話してくれました。少し経《た》ってキヨさんも京都土産の綺麗《きれい》なスカーフを持って私の部屋へ。

「しのぶさん、本当に本当に楽しかったの。ずっと優しくて段があるところでは手を引いてくれたのよ。私は涙が出そうになっちゃったね。良い息子さんを持って幸せですねって、ガイドさんに言われてね、私〝ハイ……〟って答えたの。本当に私は幸せです」。そう言って、キヨさんは思い出したのかちょっとだけ、涙ぐんでいました。

この道一筋でやってきたキヨさん。そんなキヨさんを尊敬する斎藤さん。二人の人生のほんの一日。お互いがお互いを幸せにしたことに間違いはありません。

そうそう!! 心から言えたね!

朝の稽古場。5月から稽古が始まり、6月、松竹座での1カ月の公演を終え、福岡・博多座に移り、残すところあと3日という日の出来事。

大千秋楽のカーテンコールで、みんなで踊ろうという話になり、ウォーミングアップに全員が顔を出すようになって、朝の稽古場は賑《にぎ》やかだった。もう終わってしまう寂しさと、最後の時間を楽しみたいという思いもあり、まるで子供のようにみんなでワイワイとストレッチをしていたときのことだ。

「おはようございます。よろしくお願いいたします」と言って子役のA子ちゃんが入ってきた。先生や親御さんにきちんと挨拶《あいさつ》するように言われているのだろう。はっきりと大きな声だった。何の文句もないはずだった。と、そこにいた渡辺えりさんが「心がないんだよ。言わされてる感があって、それはね、癖になっちゃうよ」と言いながら、彼女に近づいてゆく。腹から言ってごらん、ここでちゃんと言ってごらんと自分の胸をバンバンと叩《たた》く。女の子は何が起こっているのかわからず、少し涙目でえりさんを見る。

「嘘《うそ》の声を頭で覚えちゃうよ、相手にかける。きちんと心で言うことを覚えて」と必死に続ける。あー、なんだか美しいなぁと思った。えりさんは正直者だ。あと2日で終わってしまうその日に、えりさんは、どうしても伝えたかったことを、とうとう言ったのだ。私は少し感動すらした。

次は、またまたおせっかいの私が近寄り「えりさん、とっても大事なこと言ってくれて良かったね。今日の台詞《せりふ》のところ一緒に練習しない？」と言って「相手にかける」ということを一つ一つわかりやすく実演しながら教えてみた。

「このお菓子美味《おい》しいよ、食べて」。台詞にない言葉を次々に言ってもらいリラックスさせた。「大きな声ではっきりと、とは思わないで、お菓子のことだけ」。少しずつ言葉がナチュラルになってきた。その度に「そうそう!!」と手を握る。彼女は泣きながら数十分間の、先輩女優の教えに耐えてくれた。

そして本番。昨日までと全く違うトーンで実にナチュラルな台詞が聞こえてきた。朝の出来事が気になって、やはり子役からずーっと役者を続ける西尾まりさんが袖から見守っていたのだが、私たちは二人で思わずガッツポーズをし合った。10歳のA子ちゃんはトライしてくれたのだ。必死になって先輩の教えを受け入れ舞台上で挑戦したのだ。

カーテンコールではけてきたA子ちゃん。上気した顔がなんだか幸せそうだ。そんなA子ちゃんに、まりちゃんが一言。「あなたは素晴らしい女優さんです」。おはようございますから始まったこの出来事。やっぱり仲間は素敵《すてき》なものです。

7歳の頃のように

２０１９年7月17日、62歳の誕生日を迎えました。
誕生日を迎え最初に思ったこと、それは昨年逝《い》った母のことだった。私を産んでくれたことへの感謝の気持ちは勿論《もちろん》だが、62歳の母は一体どんなだっただろうかと。母の62歳。それは今から34年前、つまり私の長男が生まれた年だ。私は夫の強い希望もあり出産後、２カ月で仕事に復帰した。母は毎日のように、私たちが住むマンションにバスで通い息子の面倒をみてくれていた。

おむつは全て布を使い、お風呂に入れたり、ミルクを飲ませたり、私たちの食事も作り、夜は二人でオムツを畳みながら、今日の息子の話をし、初めての育児に戸惑っている私に色々教えてくれた。

一緒に暮らし二人の孫を一緒に育ててくれ、最期まで共に暮らした。母はいつも私たちの身体の心配をし、自分がベッドで寝ているようになっても「気を付けて」「いってらっしゃい」と手を握って見送ってくれていた。それが母の仕事であり、母の人生だったのだろう。

17日の誕生日は友人と伊勢神宮で迎えることに。美しい緑と空気に触れお参りするのはとても楽しく、有意義なものでもある。

宮司さんの八百万《やおよろず》の神の話や天照大御神《あまてらすおおみかみ》の話も面白かったが、最後にその方がおっしゃった言葉……。「親は子供を選びません。子供が親を選んで、この世に生まれてくるのです」。そうか、私は私自身が母を選んで、この世に生まれてきたのだ。母のDNAを受け継ぎたくて私は今、生きているのだと強く思う。

24時間の見守り介護が必要となり、来てくださるようになったヘルパーさんと最近、こんなやり取りがあった。「去年の夏は大変でしたね……」。私たちが……と、続くと思っていた次の言葉は「お母さまが……」だった。こんなに優しい人たちに囲まれて母は天寿を全うしたのだ。そして、それも母たるがゆえんのことなのだと、しみじみ思う。

母への想《おも》いと自分の人生を振り返りながら一日を終え、沢山《たくさん》の方からのお祝いメールに目を通す。宇崎竜童さんからもお祝いのメールを頂いた。「しのぶさんと知り合ったのが7年前。僕の携帯に7月17日大竹サン、7歳の誕生日と書いてあるよ。おめでとう」

7歳。そう、あの頃のように、元気に野山を駆けまわり、世界の全ての物を吸収し、一日一日を全力で幸せを感じ、これからも生きてゆこう。あの頃のように、母に見守られながら。

30年ぶりの笑顔

長い舞台公演が終わり、ここのところ自分の自由な時間を楽しんでいる。友人と逢《あ》ったり、先延ばしにしていた人間ドックを受けたり、あっという間に日々は過ぎてゆく。

ある日、ある芝居を観《み》ていた時のこと。

コメディーだったのだが、私の隣で若い娘さんが、コロコロとまるで鈴の音のように可愛らしい声で笑っている。その子の笑い声を聞いているうちに、私自身も楽しくなり、2時間半があっという間に過ぎていた。席を立つと長身でモデルさんのような可愛いその子が「あー、楽しかったね」と隣の男性にまたまた幸せそうな声を出す。

あー、親子で来たんだ。なんだか美しい親子だなぁと思ったその時「しのぶさん？」と声を掛けられた。

その美しいお嬢さんの父親は、私が30年前に映画で共演した仲村トオル君だった。

「あー、トオル君」「娘なんです。こっちが妹の方です」。美しい娘二人に囲まれての観劇だったらしい。

トオル君は、本当に真面目で優しい青年だった。スケジュールがタイトで、毎日夜中まで続いた撮影中も嫌な顔ひとつせず、私たちはいつもケラケラと笑っていたような気がする。

クランクアップした直後、みんなでゴルフに行こうということになり、私の家の近くに住んでいたトオル君が、私を迎えに来てくれることに。

生真面目な彼は前日、電話を掛けてきて、「道も場所も今、確認してきました。明日は7時に迎えに行きますね」と言っていたのだが、翌朝、待てども待てども彼が現れない。電話を掛けてみると「アッ」と言ってドタンバタンとすごい音が。

「ごめんなさい。き、緊張して、寝坊しました」。どうやら私の電話で起きたらしい。どうにか、ゴルフのスタートには間に合ったが、みんなで大笑いした思い出がある。

あれから30年かぁー。

結婚して娘さんが二人生まれたことも知っていた。トオル君が家事や育児を率先してやっていると聞いたことがあった。それがこの美しい娘さんたちかぁ。

少し皺《しわ》が深くなり精悍《せいかん》さが増したが、トオル君はあの時のまま、爽やかな心美しい青年の顔だった。いや、前よりも、もっと素敵《すてき》になっていた。きっと色々なことがあっただろう。やりたいことも、やれずにいた時もあっただろう。けれど今、こんなに素直で美しい心であろう娘さんたちに囲まれて、何ひとつ汚れていないトオル君の笑顔を見たら「あー、きちんと生きてきたんだなぁ」としみじみ思った。

なんだか、幸せな夜だった。家族のことは、それがどんなに大変なことであっても、自分の幸せにつながるんだなっと、ふと思った。

乾杯！ 最高の夏

久しぶりに我が家に、みんなが集まった。

子供たちが小さい頃は、クリスマスや誕生日は勿論《もちろん》のこと、ひな祭りだ、ハロウィーンだなどと言って、その度に私は母と一緒にキッチンに立ち、みんなとの間を行ったり来たりしながら、子供たちの楽しそうな笑い声を聞いてるだけで幸せだっ

懐かしい一枚。この時は母も元気でした
（2004年撮影）

た。

いつの間にかそれぞれが自立し、ホームパーティーを開くことも無くなってきた。特にこの10年は、母が中心の生活形態で、母がいかに快適に暮らしてゆけるかを考えていた。みんなが集まるのも母の為《ため》のみだったかもしれない。

久しぶりに開いた子供たちと友人の集まり。それは私と元の夫であるさんまさんとのちょっと遅れたお誕生日会だった。

娘の友人が彼を連れてきたり、息子の友人が結婚の報告で奥さんを連れてきたり、それはそれは、賑《にぎ》やかな夜だった。一見、みんな大人になったなと思ってはみるものの、子供の時と全く変わらず一瞬であの時に戻り、リビングは笑いでいっぱいになる。まあ、それをまとめる名司会者がいることもかなり大きいが……。

彼はそこにいる全員の個性を瞬時に摑《つか》み取り、笑いに変えていく。しかも子供時代から知っているから、思い出の中にある面白いことや（これがかなり事細かに覚えているのだ）未来に向けての希望なども笑いを交えて話し、一割ほどの本気が入るのでみんな彼の話に夢中になっていく。それを娘と息子は楽しそうに聞いている。これも昔のまま。

変わったのは母がいなくなったことだ。だが、それもいい。それでいい。時間は

流れていくものなのだから。母のことも、私のことも楽しいお父さんであり名司会者の元夫のことも記憶の片隅に残ってくれれば、それでいいなと思う。

　息子の友人は入ってくるなりおばあちゃんにお参りさせてと言ってくれ、自分の彼女にどれだけおばあちゃんの天ぷらが美味《おい》しかったかを説明してくれていた。娘の友人は、一輪の堂々としたひまわりを供えてくれた。母の嬉《うれ》しそうな顔が目に見えるようだ。

　バーベキューを終え片づけもみんなが手伝ってくれた。いつの間にか、しっかりしてきてくれたなあとしみじみ思う。

　最後にもう一度みんなで乾杯しようということになり、頑張れー、頑張るぞー、それぞれが口々に叫んだ後で、みんなが自然に天井を見上げ、おばあちゃんに、乾杯！　と献杯してくれたのだ。

　ありがとう。本当にみんなありがとう。最高の夏の思い出になった夜でした。

レスター・スクエア、
シェークスピア像の前で

ない、ない、ない！

パスポートがない、ない、ない、ない。

ロンドンに出発する前日の午前0時。しばらく留守にするのでキッチンを片づけ、そろそろ荷造りしなくてはと自分の部屋に戻る。もう肌寒いと聞いたので薄手のダウンジャケットを取り出したり、のんびりと準備を始めた。観劇の為《ため》に海外へ行くのは何年ぶりになるだろうか。ひょっとしたら15年、いや20年ぶりかもしれない。今回は全くの一人旅。

英語は通じるだろうか、方向音痴の私が無事に劇場に着くことはできるだろうか。そんな不安を感じているのならもっと前から用意をし、事前に色々と調べておくのが世の常であろうが、このギリギリの性格は直らず、いつものように用意を始めたのが前日の真夜中だったということである。

そう、そう、まずはパスポートだな。パスポートとチケットさえ忘れなければ何とかなるさ。が、ない、あるはずのところにない。

あー、いやいや、勘違いということはよくある。前回海外から帰って来た時に、こんなところに置いて大丈夫？　ちゃんとしたところにしまわなくちゃ。大丈夫、大丈夫、後でちゃんとしまうから。と、自問自答していたことを思い出す。ほら、やっぱりあの時きちんとしまわなかったからこんな事になるんだよ、日頃からきちんとしておかなくちゃ、一体幾つになったんだと、また心の声が。

部屋中の引き出しを隈《くま》なく調べるが、どこにも見当たらない。全てのバッグの中をひっくり返してみてもない、ない、ない。

時計を見るともう午前3時。さすがに少し焦り始める。これはひょっとしてもう行かない方がいいってことなんじゃないだろうかとさえ思えてくる。

あー、どうしよう、ないない、大丈夫、頑張れ、お母さーん、などと脈絡のない独り言を言い始める。１日出発を延ばすか、思いきってキャンセルするかどっちかだなあと思い、疲れ果てた顔で、まだ起きていた息子の部屋に行き、事情を話す。

「えー、そうなの？　前に使った時のバッグの中は見たの？　再発行は１週間はかかるんじゃない？」。独り言で言ってたことを言われているだけなのになぜだろう、少し落ち着いてきた。「通帳とか入れてるところは見たの？」。ダダダと階段を駆け上がり金庫を開けた。

あった、え！　嘘でしょ、ここに？　またダダダと階段を下り、もう電気が消えていた息子の部屋に。「ありがとう、あったぁ」。笑いながら「はーい、お休みなさい」と言われてしまった。はい、もう少ししっかりします。

はたして、ロンドン一人旅は一体どうなるのでしょうか。

そう、ここはロンドン

出発日の数時間前にパスポートがないことに気付き、家中をひっくり返し、明け方になんといつもあるべきところで発見し、ロンドンへの観劇旅行へなんとか出発。先日、無事日本へ帰って来ました。

15年振《ぶ》りの一人での海外。劇場へはちゃんと行けるだろうか、言葉は通じるだろうか、不安だらけのスタートでしたが、本当に行けて良かったです。

7本の芝居を観《み》て、役者さんの層の厚さや演出家の溢《あふ》れ出る才能に、刺激と感動をもらってホテルに帰る日々。ミュージカルを2本、ストレートプレイを5本。事前にストーリーを調べもせず席に座って、それから慌ててスマホで調べるというギリギリの日々。言葉はわからなくても表情を見ているだけで、ストーリーがわかるのが不思議でした。人種差別や同性愛的な問題も取り入れていた（多分ですが）舞台「THE　DOCTOR」は、何と一番前の席。時差もあるし、ここで寝てしまったら役者さんに申し訳ないと思いながらも、どんどん引き込まれ、3時間、前のめりでじっと見つめていました。主演は、多分私と同年代ぐらいの女優さんでした。細やかな表情、エネルギー、声の出し方、全てに魅入《みい》られました。カーテンコール、ただただ必死になって思い切り拍手をしていた私に、その女優さんがウィンクをしたのです。錯覚？　いや、いや、確かに私に向かってのウィンクだ。きっと訳わからんだろうにと思っていた日本人が必死になって観ていることに気づいてくれたのかもしれません。

もっともっと勉強して、いつかきちんと感想を言えるようになるから待っていてね、またあなたの芝居を観に来ますね。と勝手に心の中で彼女と約束を交わしました。

観劇前の時間は、美しい公園を散歩したり美術館へ行ったり、日本では考えられないような豊かな時間を過ごすことができました。

そんな中、母の介護を4年間手伝ってくださったヘルパーさんの息子さんと急遽《きゆうきよ》お会いすることに。彼は26歳。ビール会社の営業マンとして一人ロンドン支社で働いていました。折角《せっかく》だからお会いしたいという連絡を受けホテルに来てもらうことに。よくよく考えると会ったこともない20代の男の子と何を話したらいいんだろうか、お母さんにお世話になっていることのお礼は言えるとしても、そもそも彼はなぜ私に会いたいと言ったのだろうか。

まあそんな深いことは考えなくてもいい。ここはロンドンだ、彼に素敵《すてき》な場所に連れて行ってもらおう。約束の10分前、今着きました、と彼からのメールが、下に降りるとリュックを背負った若者が真《ま》っ直《す》ぐ前を見つめ私を待っていたのです。

優しい母と真っ直ぐな息子

青年は、私の数歩先を歩いていた。

真《ま》っ直《す》ぐな背中で揺れるリュックが若々しい。と、突然振り返り「好きなパブがあるんですが、そこで夕飯というのでいいでしょうか?」「あ、は、はい」と答える。また歩き出す青年。その後ろ姿を見つめる私。初対面の不思議な空気が流れ、まるで学生時代の初めてのデートのようだ。

私の母は4年間、この青年のお母さんにお世話になっていた。見守り介護が必要になってから、週に1、2度夜間の介護をしてくださり、最後まで一緒になって母を看取《みと》って下さった。Kさん（青年のお母さん）の前では、母はいつも穏やかだった。私や妹があまりに辛《つら》そうな母を見ていられず泣いていると、Kさんも、部屋の隅で一緒に涙を流してくれた。

そのKさんの息子さんであるN君は、1年前から大きなビール会社のロンドン支社で働いている。しのぶさんに逢《あ》いたいと言って下さり、突然デートすることに。「あー、混んでるなぁ」。お目当てのパブは、通りに人が溢《あふ》れている。「入れないね」「いえ、この人たち外でああやって飲んで2時間でも3時間でも議論するのが好きなんです。中は空いてるはずです」。青年は走る。

「なに飲まれますか？　これはイギリスのビールです」と言って、実に楽しそうにビールの説明をしてくれる。実際彼の勧めてくれたビールは本当に美味《おい》しかった。少し打ち解けた私たちは、テーブルにつき食事を始めた。

「お母さんには本当にお世話になったの。ありがとうございました」「いえいえ、あの人は人の面倒を見るのが大好きで、それが喜びなんです」「優しいお母さんだね」「はい、優しいです。名古屋で働いていた時もよく来てました。ちょっとカッコ悪いんですけど助かりました」。沢山《たくさん》の愛情と優しさに包まれて真っ直ぐに成長したということが良くわかる。

N君は全てのことに興味を持って生きているのだろう。ロンドンを好きになり、営業という仕事も自分のものにし、喜びと誇りを持って毎日歩き回っているのだろう。

26歳の彼は今、堂々と生きているのだ。これから野外劇の舞台であるリージェントパークに行くと言うと、送りますと言い、私たちは心地よい風が時折吹く公園を肩を並べ楽しく歩いた。

母の一周忌、墓前にKさんの作ってくれた母の好きだったおはぎをお供えした。ありがたいね――。母の声が心地よい風の中に聞こえてきた。

未来をつくる音楽会

先日、山形県酒田市で「花王ファミリーコンサート」が開催されました。

これは、花王さんが「次世代を育む環境づくりと人づくり」というテーマで、2

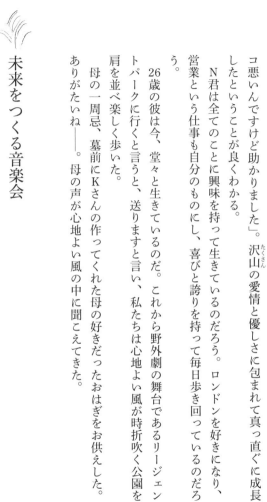

002年からやっていらっしゃる社会貢献活動の一つで、文化や芸術に親しむ心を育んでもらい、その収益金を公演開催地域の音楽事業につかってもらえるように全額寄付していらっしゃるという素晴らしい趣旨のコンサートでした。

私自身も花王さんとは何年も前からご縁があり、澤田社長からそのお話をお聞きして、自ら出演したいと名乗り出て、やっと実現しました。

社会貢献を続けていくのは、なかなか大変なことだと思います。しかもそのコンサートは全て花王社員の方々が自ら動き、準備や諸々《もろもろ》の手配、チケット販売に至るまでやっていらっしゃると聞いて益々《ますます》素敵《てき》だなあと感心しました。

音楽に触れ、少しでも何かを感じてくださるお客様がいて、そこから生まれたお金が楽器になって、子供たちの未来に繫《つな》がっていくとしたらこんなに嬉《うれ》しいことはありません。

もう10年以上前に観《み》たテレビのドキュメンタリー。

場所はベネズエラ。国が奨励して、いらなくなった楽器を集め、指導する先生を派遣し、音楽の楽しさを教えてゆきます。貧家であったり、薬物を売っている子供であったり、ストリートチルドレンの子もいました。子供たちの眼に光が宿り、希望という言葉が生まれるようになります。そして、とうとうフルオーケストラまでも組めるようになり、見事な演奏を披露します。

「エル・システマ」というそのオーケストラは、世界で最も貧しく最も美しいと言われるようになり、今ではベネズエラだけで40万人近い団員がいるそうです。ひとつの楽器から生み出された希望が多くの人に感動を与えるようになるという素晴らしいドキュメンタリーでした。

無事にコンサートを終え、皆で飛行場についたときのこと。花王の澤田社長が搭乗前にご自分でCAさんのところに行き、何かを頼んでいるご様子でした。ご自分の席を後ろにして、出演された歌手の方の席を前の広い席に替えていらっしゃったんだということが後でわかりました。もちろんその方たちには気付かれないように。

きっとこの心配りが会社のあり方に繋がるんだ、それがたとえ何万という社員がいる大企業であっても。私は広い席に座らせて頂きながら一人、そっと感動していました。飛行機を降り、再会を約束して車に乗り込んだ私を車が消えるまでずっと見送っていてくださった澤田社長。

なんだか、とてつもなく良い日でした。

お二人に心からエール

「ぼけますから、よろしくお願いします。」

これがタイトル。ユーモラスでもあり、切なくもあり、でもそこには愛がないと存在しない関係があることが想像できるタイトルだ。

信友直子さんは、東京で活躍するドキュメンタリーを手がける映像作家。ある日母親がアルツハイマー型の認知症であると診断された。母は遠く離れた広島で少し年上の父親と二人で暮らす日々。一人っ子である直子さんだが仕事を辞めるわけにはいかず、お父さんとお母さんとの、いわゆる老々介護の生活が始まる。少しおかしいのかなと不安に思いながら帰省する度に、そのお二人の姿をカメラに収めてきたのがまとまり、昨年の秋に、なんとそれが映画になった。

よかったら感想をお聞かせください、と言われていたのだが、丁度《ちょうど》、私自身母を亡くしたばかりでなかなか観《み》る勇気を持てなかった。あれから一年、今度はそれが本として出版されることになった。1ページ、1ページめくりながら溢《あふ》れてくる涙を止めることができなかった。

あー、そうだった、そうだった、お母さんと同じだ。あー、そうそう何だか怒りっぽくなって薬の量を変えた時期もあったなあ。テーブルに顔を埋め自分が情けないと言って泣いていたこともあった。

壊れていく自分の脳細胞、いうことがきかなくなっていく肉体。そこに一番恐怖を感じ、悲しいのは当事者なのである。そこを私はきちんと理解していただろうか。家族はそれを受け入れることの覚悟を迫られるのみ。本人の気持ちになってあげられていたのか。反省や後悔や納得や様々な感情が起こり、母との日々を振り返ることになる。

「ボケますからよろしくお願いします」

大晦日《おおみそか》、ガラス戸を閉めながらお母さんはそう言って直子さんに笑う。

「そうなん?」。カメラを回しながら娘が答える。こんな可愛く笑顔で言われたら「任しといて」というしかないではないか。それがとっても悲しいことだったとしても。

慣れない家事を一生懸命やっているお父さんも実に立派だった。曲がった腰で時々休みながら行けなくなった妻の代わりにスーパーに行き、鼻歌を歌いながら繕《つくろ》い物をする。ずっと自分を支えて来た妻に対する感謝なのか、最後までこの家で生きてゆきたいという二人の想《おも》い。当たり前のことだが実はそれはとても難しいことなのだ。お二人に心からのエールを送りたくなる。

近づくオリンピックに湧くこの日本で、老人たちは今日も必死に一日一日を生きているのだ。母もそうであったように。そう、誰かに支えられながらも。

一日一日を必死に

そのご婦人は、明らかに困っているようだった。

ある日の駅前の昼下がり。マッサージを終え、車に向かう途中での出来事。80歳は過ぎているであろうと思われる一人のご老人が駅前の少しスロープになっている所で、ご自分が持っていらしたキャリーバッグの車輪がどうも上手《うま》く使えていない様子だった。

道はスロープになっている上に凸凹になり（あれはスピードが出ないためのものなのか、よくわからないが）とにかくその凸凹と坂の途中で自分の体重を支えることも、車輪をコントロールすることもできないでいた。転んでしまったら大変と思

愛犬との散歩道にも同じ
凸凹がありました。
滑り止めでしょうか？

い、近づき声をかける。「お手伝いしましょうか?」。片手で、思ったより重いバッグを引き、もう一つの手でご婦人の手を取った。

「ありがとうございます。まあまあ、お世話かけますね。まだこのバッグに慣れていないもので」。ご婦人は少し恥ずかしそうにおっしゃった。「どちらまでいらっしゃるのですか?」。まだ次の仕事場に行くまで余裕がある。10分くらいのところなら、このままお手伝いできそうだ。

「そこの郵便局までなんです」。たった数メートル先だ。私はその方の歩く速度に合わせてゆっくりゆっくり坂道を上る。「失礼ですけど、おいくつなんですか?」。不躾《ぶしつけ》にも、私は質問してみた。

「93です」「お一人なんですか?」「そう、一人でなんとかやってます」「お偉いですね。すごいです。私の母は96でした」

「お母さんはお元気?」と聞かれ少し迷ったけれど「いえ、去年亡くなりました」と答えた。「まあそう。それは、それは。本当に助かりました。ありがとう。こんなお世話かけちゃって」。そう言いながら、郵便局に消えて行ってしまった。

次の目的に進まなくてはと、その後ろ姿には気合があった。一つ一つの行動に気合を入れているのだろうなぁと想像できる。ほんの数メートル歩いただけなのに、ご婦人のからだは少し汗ばんでいた。私は自分の手に残ったその方の感触を思いながら、私自身がもう少しお話ししていたい思いに駆られていることに気付く。「お母さん、今日とっても偉い人にあったの。93歳で、一人で暮らしているの」と、母がいたら真っ先に報告しただろうなあとまた坂道を下りていく。

　必死で一日一日を生きている人間の尊さを学んだ。本を読んだり、映画を見たりする学びとは違う、身近でわかりやすい学びの時間であった。触れよう、声を掛けあおう。なんだか、そうみんなに言いたくなってしまった。

人間は勝手だなぁ

　先日行われたラグビーW杯・日本×スコットランド戦。完全にわかラグビーファンになった娘と私は、その日も、家族ぐるみで仲良くしている一家と一緒に応援しようということになり、試合開始前からやや興奮しながら友人宅へ。

　全くルールも分からず、メンバー全員までは名前も分からない私たちだったが、応援する気は満々だ。

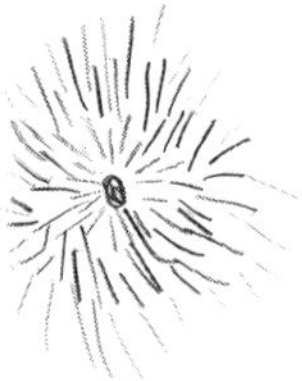

台風翌日の夕やけ。
どんな思いで見ているのだろうと
思うと胸が痛む

前半、先制点を取られ相手のディフェンスの強さを見せつけられ、これはかなり難しいのでは？　と、応援しながら負けた時の心の準備をしている自分に気付く。いけない、いけない、私たちが信じなくてどうする。信じよう、勝つためにここまで全てを犠牲にしてきたではないか。と、まるで今までの選手たちの人生を分かっているかのような気持ちになる。

「大丈夫、大丈夫、頑張れ、頑張れ」とみんなで叫び続ける。とそこからが凄《すご》かった。激しい2チームの闘いに息がつまる。トライが決まる度に、立ち上がり、叫び、抱き合って喜びあう。いける、これならいける、史上初の決勝トーナメントも夢ではない。前半が、そろそろ終わるその時だった。

「さあ、いくぞー」と、ご主人の幸雄さんが立ち上がる。あっ、そうだった。夕飯を近所の鉄板焼き屋さんに予約していたことを全員が思い出し、顔がバーコード状態になる。え？　ここで？　ここで出かける？　そんな、それはないだろう。

渋々とビデオの録画ボタンを押し、皆で外に向かう。お店に行って、誰かが試合結果を話していたらどうしよう。あのハラハラドキドキ感をもう一度味わいたい。美味《おい》しい鉄板焼きを頂いているはずなのに他のお客さんの話が気になり食事に集中出来ない。

お店の方が「次にいらっしゃるお客様は試合を観《み》終わっていらっしゃる方なんです」と、気まずそうに教えてくださる。と何を思ったのか幸雄さんは入り口に向かい「事情を話して結果を言わないでとお願いしてくる」と。ひえ、そんな勝手なこと言ってはダメでしょう。そんなこと出来るわけないでしょう。が、いらした方がたまたま知り合いだったので「教えないで」という希望が叶《かな》えられた。

それなのに、その方たちの表情がガッカリしているように見えたり、あれは喜びを隠しているのかもと推理する私たち。もう、とっとと食べて早く帰ろう！

本当に勝手だったが、無事に前半終了に巻き戻り、ドキドキし、叫び、感動し、素晴らしい夜になった。その感動が終わった瞬間、台風の情報を見る。人間は勝手だ。目の前に起こったことでなければ、自分のこととして捉えることが出来ないのだから。私たちは複雑な思いで、被害状況を伝えるニュースの画面を見ていた。

きっと、見守ってくれている

奥様のレミさんからメールをいただいたのは、その2日後の事だった。「レミです。こんにちは。うちの夫は、とうとう天国に行ってしまいました」と。年に数回集まって、食事をしていた私たち仲間に送られてきたものだった。和田誠さん、享年83歳。イラストレーターであり映画監督でもあり、映画についての沢山《たくさん》の著作もある。雑誌の表紙は、なんと42年間描き続けてきた方だ。

私が和田さんと初めてお会いしたのは、今から35年も前、映画「麻雀放浪記」だった。

和田さんにとって初の監督作品。が、とても初めてとは思えず、まるで何本も撮ってきた監督のように飄々《ひょうひょう》として、なおかつ堂々としていた。私たち役者もスタッフもいっぺんに和田さんのファンになった。和田さんはその日に撮るカットを絵にしてセットに貼ってくださる、いわゆる絵コンテが、とても素敵《すてき》で、私たちは毎日、それが貼り出されると、その周りに集まり興奮していたものだった。

その絵の人物と同じ座り方を真似《まね》、同じ足の位置にすると不思議に落ち着いたのを今でも覚えている。その後もプライベートでお付き合いするようになり、お料理研究家である奥様のレミさんとも親しくなった。

30歳で私が夫を亡くし、少しした頃、和田さんが何げなくお電話をくださった。「遊びにおいで」と。息子と2人、お邪魔してレミさんの美味《おい》しいお料理をごちそうになり、和田さんはまだわけの分からない2歳の息子とずーっと遊んでくださった。その優しさに私は泣きそうだった。

ここ数年は、和田さんを中心に親しい仲間が集まり、みんなで美味しいものを多いに食べ、語り、大声で笑い合う、楽しい集まりだった。和田さんは一人静かに聞いていることが多かったが、例えば、怖い話をしても、結局最後に静かに話す和田さんのお話が一番怖くて、みんなで大笑いをしたことも。今年の春に集まったとき、和田さんはいらっしゃらなかった。「今、何してるかな」と、レミさんの携帯で見てみるとリビングルームでいつものように頭の後ろで腕を組み映画を観《み》ていらした。

仲間の一人である三谷幸喜さんがおっしゃった。「あれが、僕の見た和田さんの最後の姿です」と。そうだ、和田さんは今、この世でのやるべきことを終え、空の上で大好きな映画を観ているに違いない。静かに、優しく、レミさんを、ご家族の方を、そして時々私たちを見守ってくださっている、そう信じることにしよう。

あなたがそれを望むなら

兄が脳血栓で倒れたのは、ちょうど今頃の季節だった。

頭が重くて変だなと思いながら、家の中を歩いていたという。バタンと倒れて、何とか救急車を呼び、命は助かったものの、物をのみ込む動作、つまり嚥下《えんげ》の神経がやられて、食べ物を口から取ることが出来なくなる障害が残った。

入院と同時に、のみ込む訓練のためにリハビリを始めるが、なかなかすぐには戻らず、点滴からとうとう胃ろうに変わり、痩せ衰えていく姿を見るのは、姉妹にもしんどいことだった。

あれから二年。病院や介護施設の方に支えられ、何とか自分の口で物を食べられるようになり、この秋から一人暮らしを始められるようになった。が、まだ働くことは出来ない。

この二年間は、なんとか貯金を崩しながら生活をしてきたが、そのうちに底をついてくることになる。今後、どうしていけばよいのか。ずっと独身を貫いてきた彼には家族がいない。大きな会社に勤めていたわけではないので、年金もたかが知れていて、一人暮らしはなかなか厳しい現実だった。

私たち姉妹が協力して兄を支えてあげるしかない。暮らしにさほど余裕があるわけではないのだから、生活保護を受けていくしかないのでは、と姉たちは言う。でも、私はまだまだ仕事をしてゆくつもりだし、多少の余裕はあるわけだから、みられる間は私が面倒をみてあげればよいだけの話だ。簡単なことだ。と、夕食の時に長男の二千翔《にちか》に話す。

するとー「今まで一生懸命働いて、税金を納めてきたわけでしょう。今働けず、やむを得ない状況だったら、俺は国からの援助をもらってもいいんじゃないかと思う」。「まぁ、そういう考えもあるけど、やっぱり兄妹だから、助けて当たり前じゃない？」と私。「じゃあ、いいんじゃない？」と息子。

食事を終え、なんとなくモヤモヤした私はまた、食器を洗いながら、息子に問いかける。

「じゃあ、いまるちゃんが病気になって、どうしても助けが必要になった時、二千翔は助けてあげないの？」と。するとと思ってもいない答えが返ってきた。

「いまるちゃんに聞く。いまるちゃんがそれを望むなら助けるよ。でも、決めるのはいまるちゃんでしょ。必要だったら助ける」と。なるほど。確かにそうかもしれない。

自分の人生を決めるのは、自分自身だ。「助けてあげる」なんて、傲慢《ごうまん》な考え方だと反省した夜だった。

1人でヨチヨチと歩き始めたころの
息子です

大事すぎて、大切すぎて

息子が私の還暦のお祝いに、大枚をはたいて買ってくれたであろう赤いお財布。嬉《うれ》しくて、嬉しくて、すぐには使えず2年間も飾っていた。

時々「今日こそおろして使ってみようか」と決心するものの、大切なこのお財布を汚したらどうしようと思い、彼の父親の写真や、娘の成人式の写真が飾ってある場所にまた戻すということを数回繰り返してきた。

そして今日やっぱり、また元の場所に戻してしまった。「使わなくちゃ意味ないじゃん」と息子。

もう一つ同じように使えなかった可愛いピンクのカードケース。これは女優の宮沢りえちゃんから、1年前に頂いたものだ。

昨年9月、母を亡くした月、私は舞台に立っていた。亡くなった日も、お通夜である前夜祭の日も、お別れの日も。想像以上にしんどく、苦しい日々が続いていたある日。芝居を観《み》に来てくれたりえちゃんが、母のことには触れずに、楽屋で手渡してくれたプレゼント。

「元気が出るビタミンカラーを選んでみました」と一言。私たちは何も言わずに抱き合った。5年前、りえちゃんのお母様が亡くなった時、私たちは一緒に舞台に立っていた。稽古中はずっと看病もあっただろう、一人でまだ幼いお嬢さんを抱えて、どんなに不安だっただろうか。私は何も分かっていなかった。

そして幕が開き、お母様との別れがあった日も彼女は堂々と舞台に立ち、芝居をしていた。ラスト近くでのシーン、舞台上で私たち二人だけでほんの何秒かの暗転がある。私はりえちゃんの手をギュッと握りしめる、彼女はその私の手をギュッと握り返す。二人だけにわかるやりとり。「どんなことがあっても、良い芝居をしようね。頑張れりえちゃん」「はい、頑張ります」。それは千秋楽まで続いた私たちだけの秘密の時間だった。

わかり合えたと思っていたのだが、実際にその時の彼女と同じ立場になって私は、彼女の苦しみや悲しみを初めて理解することができた。あんな風に手を繋《つな》いでいても、その悲しみの10分の1も理解してあげてなかったことがわかった。そんなりえちゃんからのプレゼント。

あれから1年が過ぎ、やっと使えるようになったビタミンカラー。その度に、あの時の手のぬくもりを思い出すのはいうまでもない。あ、そう言えば私が海外のお土産に買ってきたお財布、母も使わずしまい込んでいた。

今も残っているピカピカのお財布。

「使わないと意味ないよ」

息子と同じことを言っていたのを思い出す。

「ちゃんと言う」って難しい

「自分の意見を言うということ」。当たり前のことであるが、なかなか難しい。

家族や友人ならまだしも、会ったばかりの他人であったり、目上の人であったりすればなおさらだ。自分がこの年になり仕事場では目上になることが多くなってきた今、楽に自分の考えを言えるかと思えば、そうでもないことに気づく。

まあ、平たく言えば「あー、うるさいおばさんが言っているから聞くしかないね」と思われるのでは？　という不安もあるからだ。しかし、幼い頃から「嫌なものは嫌と言える人間でいなさい」と父から言われ育ったので、どうしても曲げられないことに対しては勇気を持って意見を言うようにしている。

その殆《ほとん》どは、仕事場で起こることが多いのだが、先日もそんな場面があったばかりだ。その際気をつけることは、感情的にならず、相手の状況を理解しながらも、一つの意見として考えてもらえないかというお願いの姿勢をとること、一番大事なのは、時折ユーモアを交えながら話を聞いてもらうことだ。

と、いまはこんな風にわかったように書いているが、若い時はそうはいかなかった。

とあるドラマで、私はまだ20代前半だった。演出家のつけた動きがどうも嘘《うそ》に感じていたのだが、いい子でいたい自分は、それを言い出せずにいた。そして本番。助監督のカウントがスタジオに響く。「5、4、3、2、スタート」井戸のそばにうずくまっている私に、キューが見えなかったのかと彼は必死になって合図を送っている。私は私で演技しようと体を動かそうとしてはみたものの一ミリも動かない、表情も、声さえも出なくなっていた。

いわゆる、金縛り状態だった。

スタジオが異変に気付く。本番はストップ。なんとか金縛りから解けた私は、監督に涙ながらに「この動きはできません」と訴えた。

自分の中に確固たる信念があり、わかってもらいたいならば、それは言葉にしな

父からたくさんのことを
教えてもらいました

ければならない。人が自分と同じ考えであるとは限らないのだから。と、その時学んだ。

　そう言えば、小学校4年生くらいのことだ。当時は70年の安保闘争の真っ最中だった。先生が「今、学生運動をしている人も何年かしたら自分のしたことを後悔するだろう」と、おっしゃった。私は自分の兄がその運動に参加していること、後悔はしないと思うということを先生に言いたかった。顔がほてり、体に力が入るのを感じたが、とうとう発言できずにモヤモヤしたまま帰宅した。帰宅してから先生に言えなかった分、父に思い切り話したっけ。

「その通りだよ、今度はちゃんと言ってごらん」。父は優しく私の頭を撫《な》でてくれたことを懐かしく思い出した。

何でも話せる幸せ

「世田谷の瀬田までお願いします」「ハイ?」。少しお年のその運転手さんは、そう私に聞き返した。

「瀬田です。瀬田の交差点までお願いします」。私は少しだけ声を大きくして行き先を告げた。メールやＬＩＮＥの返事を返すのに没頭していた私に、「着きましたけど、この先は？」。顔を上げると全く見覚えのない風景が……。

「ここは？」「三田です」「あっ、あの瀬田なんです。瀬田と言ったつもりなんですが……」「あー、瀬田。三田って勘違いしてました。申し訳ありません、ここまでの料金は私が払います」。運転手さんは申し訳なさそうに謝ってきた。

「いえ、私もきちんと見ていませんでしたから」。料金を見ると、二千円弱だった。心の中で、まぁ、仕方がない。こちらも悪いところがあったのだから、支払う時に私が払うと言えばいいかなと思っていた。

かなり大回りになってしまったが、約束の時間には何とか間に合い、ホッとしながら料金を支払う時のこと。運転手さんは、今度は何にも言わなかった。私はカードを出し、支払いのサインをする。すると「どうしましょうか」と聞いてくる。

「どうしましょうかとは？」と、私は聞き返しながら心の中は、さっきは支払うって言ってたのに……と言葉をのむ。少しつっけんどんに「あっ、いいです、払います」。すると「じゃあ、半分払います」と、千円を出してきた。「いえ、本当にかまいません。レシートだけ頂けますか？」。なんとなく気まずい雰囲気でその人との時間が終わった。

夜、帰って来た息子にそのことを話す。二千翔《にちか》だったら、どうした？「オレだったら、やっぱり払っちゃうなぁ」「でも、最初に自分で払いますって言ったんだよ。それなら何だか、その言い方はズルくない？」

「でも、その人にとって千円は、大きな額だったかもしれないし、おっかさんだってそう言われた時に払うつもりだったなら、その時に、いいですよ、私が払いますって言えばよかったのに。それだけのことじゃない？」

確かにそう、その通りだ。私は自分の言葉をのみ込んで、その人の心を測るという卑しいことをしたのだ。ましてや自分に全責任がない訳ではないのに……。

「そうだね、最初からそう言えば気持ち良く別れられたね。ありがとう」。息子の部屋から出た私は、それまでの暗い気持ちから、なんだか吹っ切れてルンルンになった。一つ良いことを教えてもらった若い娘のような気持ちになっていた。

些細《ささい》なことでも話すことが出来る家族がいる私は、幸せだなと思い、同時に運転手さんにゴメンナサイと謝った。

好江ちゃんの決心

「私ホノルルマラソンに挑戦しようと思ってるの」。そう彼女が打ち明けてくれたのは、今から2年前の冬の初めだった。

「え？」。私は最初何を言ってるのか全く理解出来ずにそう聞き返した。中村勘三郎さんの妻であり、私の友人でもある好江ちゃん。走るのは勿論《もちろん》歩くことさえあまり好まない彼女がなぜマラソンを？

「来年、私、還暦を迎えるでしょ？　のりさん（勘三郎さん）は、生きたくても生きることができなくて死んじゃったの。でもね、私は生きてるの。何の役にも立たない人間なのに」。今までも彼女は、そう言い続けてきた。

「二人の息子を、何より二人の孫を立派な歌舞伎役者に育てるという仕事は、あなたがしなかったら一体誰がするの？」。その度に、私はそう繰り返し言ってきた。

そして彼女は続けた。「のりさんがなれなかった還暦の前に、のりさんがびっくりするようなことをして驚かせたいの。『好江、よく頑張ったね、偉いね』ってほめてもらえるように」

確かに絶対驚くだろう。少し離れたところへの移動も「タクシーで行こうよ」と言うのは、いつも好江ちゃんだった。旅に出て、山というには申し訳ないほどの丘に登る時も、お留守番をすると言いはった。のりさんが「好江、オレがおんぶするからお願いだよ」と懇願する姿に大笑いしたのも懐かしい思い出だ。

そして、それから10カ月間、彼女は地道にトレーニングを続けた。お孫さんの舞台があったり、七回忌の追善公演があったり、忙しい日々を縫いながらトレーニングを続けた。

昨年12月5日、御命日《ごめいにち》の法要を終え、ハワイに入る。現地時間朝の5時。真っ暗な中、花火が打ち上がり何万という参加者がスタートを切った。

日本時間のちょうど真夜中、私は携帯を握り締めながら心からの声援を送る（ゼッケン番号と名前を打ち込むと、そのランナーがどこを走っているか分かるアプリがあるのだから便利な時代だ）。まるで自分も一緒に走っているような感覚になってくる。「あー、坂だあ、頑張れー、頑張れー」。真夜中、隣人にまで聞こえるような声で、私は叫ぶ。ついには、大声で励ます為《ため》に歌まで歌ってしまう。

そして、日本時間で朝の8時。彼女はとうとうゴールした。走り抜いた。私は部屋を駆け回り、感動を味わった。凄《すご》い、本当にやればできるんだ。努力をするってなんて素晴らしいんだ。人を想《おも》うということは、自分の為なんだということを知った。あっぱれだった。

掛かってきた電話で私はとんでもないことを言ってしまう。

「好江ちゃん本当に凄いね、おめでとう。私もやってみたい」

スーハースーハー、頑張った

友人の好江ちゃんのホノルルマラソン完走に感動し、「来年は、チャレンジする」と言い放ってしまった私。

今から鍛えれば、1年もあるのだから私にも出来るはずだ。アスリートのように鍛え抜かれた美しい身体になり、青い空の下、両手を広げてゴールするさまを想像するだけで楽しかった。が、現実は、仕事に追われ、ジムに通うこともできず、「まー、春くらいからやれば大丈夫だろう」という怠け者の私に速攻で戻り、なかなかトレーニング開始にはならなかった。

そして4月、私が走るなら今年も走るという好江ちゃんから「エントリーの受付

たとえ10キロでも達成感を
味わえました。でも、次は——!?

が始まったから申し込んだよ」と言われ、その日程を見て愕然《がくぜん》とする。出演しているレギュラー番組の収録日の翌日ではないか。これは諦めるしかない。あんなに意気揚々と宣言していたにもかかわらず、1日も走ることなく、私のマラソンランナーとしての夢は砕け散った。私の身体はアスリートに変身することなく、夏が過ぎ天高く……の秋になっていったのであった。

が、ある日、ハタと気付いた。ハワイと日本には時差があるということに。あれ!、もしかして、その日の朝着くんじゃなくて、前日の朝じゃない？　それなら走れるんじゃない？

あと1カ月。フルの42・195キロは無理だと思い、まずは参加することに意義があるということで、10キロを走ることに。走ったこともなければ、歩いたこともない10キロだ。先《ま》ずはやってみようということになり、好江ちゃんやコーチの方に付いていただいて、皇居ランデビューをすることになった。これは想像を超えた楽しさだった。

1周で5キロ、のぼりもあったり、くだりがあったりでかなりハードなのだが、とにかく景色が美しかった。東京の真ん中にこんな美しい場所があるのだということを再確認したし、歴史も感じることが出来る。なんてったって江戸城だったり、井伊直弼がいたりという場所を「スーハー、スーハー」と言って走るのだから。あー、書きたいことが沢山《たくさん》あるのに、字数が足りないのです。

4回ほどのトレーニングを受け、バタバタと当日に。真夜中の3時半に起き5時に走り出した私たち。勿論《もちろん》、好江ちゃんは今年も大きな目標に向かって走り始めました。スーハー、スーハーと。私もささやかな目標に向かって、同じようにスーハー、スーハーと。それでいい。青い空の下で、心地よい汗を流しながら、子供から80歳くらいのお年寄りに交じって、私は満面の笑みでちょっと地味な10キロのゴールに着いた。これからも前進あるのみだ。

新しい年も良い年にしていきましょうね。1年間、本当にありがとうございました。

作って、食べて、片付けて

暮れからお正月にかけて、何年か振《ぶ》りに長い休みが取れることになった。今までは母がいる生活だったので、大晦日《おおみそか》は母を交えて静かに家族だけで年越しをするという形を取っていた。そんな母はもういないのだから、私たちは自由だ。ドーンと海外へも行ける。のんびりと温泉にだって行ける。が、いかんせん悲しいかな、私には行ってくれる相手がいない。と、そんなこんなで、いつも通り形ばかりの大掃除をして、暮れの買い物に行き、お正月の準備をし、家族ぐるみでお付き合いしている友人たちと年越しをすることになった。

今回はその息子さんの家で、息子の友人、娘たちも含め、大人数での食事の準備をするのは私とその友人だ。私は「肉と炭水化物を頼む」と単刀直入な指示を受け、大晦日にローストビーフ、ビーフストロガノフ、おにぎり30個を握り、バタバタで何とか間に合わせる（せっかく用意しておいた年越しそばを食べるのを忘れてしまったが）。

賑《にぎ》やかな年越し、そして元日。おせちを並べ、昨日からとっておいた出汁《だし》でお雑煮の準備をする。いつも寝坊していた私がボサボサの頭で起きてくると、母がトントンと野菜を切ってくれていたことを思い出す。

「おめでとう。年が明けましたね。今年もお願いします」

そんな母はもういない。少し感傷的になりながらトントンと野菜を切る。と、ここで子供たちも起きてきて良い時間になるのだが、起きてくる気配すらない。12時を過ぎ、一人、二人。全員が食卓に付いたのは、午後1時だった。

母の写真を食卓に並べ「おめでとう」と乾杯をする。いつも通りのんびりとした静かな元日の朝。親族の集まりがあったり、母の介護疲れの友人が夕食に来たり、とにかく食事を作り、片づけをして、また食事を作る、その繰り返しであっという間にお正月休暇が過ぎてゆく。

主婦って、こんな時は損だなぁと思う。女はこうあらねばという強迫観念に縛られているのかもしれない。もう30過ぎた息子に、毎日毎日食事を作らなくてもいいのだと分かっているのに、「あーあ」とため息をつきながらもお米を研いでいる私がいる。でも、一方でとても大事なことなんだとも思うのだ。

食べるということは、生きてゆくことにおいて、大きなテーマなのだから。

久し振りにお汁粉も作った。小豆は赤（福）を口にするという意味があり、お餅、つまりお米は、四方八方から福を得るという意味があるという。「こいつは春から縁起がいいやね」と、母の写真にお汁粉を供えた。

笑いあえる愛って素敵

友人のお寿司屋《すしや》さんで、三宅裕司さんご夫妻に久しぶりにお会いした。

長い間、SET（スーパー・エキセントリック・シアター）という劇団で構成、演出、座長を務め、その他にも新橋演舞場での喜劇を作り続け、テレビ、ラジオで活躍し続けるあの三宅裕司さんだ。確か、昨年は骨折したと聞いていたので「その後大丈夫ですか」と聞いてみた。

「いやぁ、本当に60過ぎてからのこの8年、趣味は入院、特技は退院だよ」と明るくおっしゃる。8年前、脊柱《せきちゅう》管狭窄《きょうさく》症で手術。その時も歩くことを諦めなくてはと思うくらいかなり大変な状況だった。頑張って克服し、また復活した時に、やはりこのお寿司屋さんでお会いした時の笑顔は忘れられない。

その後、前立腺の手術をしたり、昨年はスキーで転倒し大腿《だいたい》骨骨折したり。確かに趣味は入院というのも無理がないだろう。が、三宅さんはどこまでも明るく、しかも若い。少なくとも10歳は若く見える。「じゃあ、これからはいいことばっかりだね」と私が言うと、「そう、これからは、昇りっぱなしだよ」と笑いながら答えてくださる。

そして、隣にはいつも奥様のM子さんがいる。M子さんは時々、いや、しょっちゅう、いや、ほとんど言い間違いや聞き間違いをするので有名だ。大腿骨骨折の時も診断結果をお医者さまに言われた時に「まあ、だいたいの骨が骨折してしまったんですか」。だいたいの骨が骨折することを考えれば、まだ大腿骨だけなら良かったと思えるわけだ。夫婦喧嘩《げんか》をした時も「どいてよ」と言うところを「抱いてよ」と言ってしまう。お姑《しゅうとめ》さんに手紙を書いて「暮れも近づきまして」と書くつもりが、「墓も近づきまして」と書いてしまった。

宿泊するホテルに問い合わせをした時も「ベッドインは何時ですか？」と聞いてしまい「お客様の良い時間で」と言われてしまったというのもおかしい。コマーシャルを観《み》ていて、手の荒れに効くと言う言葉に「あれじゃ、分からないわよね〜」。歯医者さんで「口紅を拭いてください」といわれれば口笛を吹き、「3階行ってください」と言われれば、「3回、3回、3回」と繰り返す。

書き出せばキリがない。三宅さんがちょっと可愛い女の子を見ていたら「あなた、女の子を見るのはいいけど、7秒にしてください」。7秒見続けるのは長いよ〜、これには店中の人が大笑い。

夫のために尽くしている妻がいる。夫はその妻にいつも感謝している。二人の間には、温かい笑いが起きる。どんなことがあっても笑いに変えてしまう愛がある。三宅さんが長い間作ってきた芝居もまさにそれだ。笑いって、そして何より夫婦って素敵《すてき》だなと思った幸せな夜だった。

そうだ、セーターを編もう

このお正月、編み物を始めた。友人からプレゼントされた手編みのセーターがあまりにも可愛らしく暖かいことに感動し、自分でもやってみたいと、久しぶりに味わうのんびりした時間の中で、なんと30年ぶりに始めてみた。

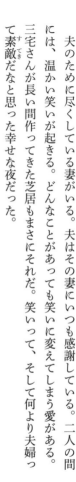

高校当時、女の子の間で手編みのマフラーが流行、もう仕事をしていたとはいえ、御多分に漏れず私も始めてみることに。まだ一日中仕事をし、食事の後片付けを終えた母に座ってもらい、一から教えてもらう。

目の作り方、減らし方、増やし方、接ぎ方や新しい毛糸のつなぎ方まで、辛抱強く丁寧に教えてくれる。時々、母の方が集中し過ぎて、どんどん編み進めてしまうので、私が怒ることもあったほどだ。

マフラーを卒業しセーターに挑む。初めて編んだピンクのモヘアのセーターは、大き過ぎてクマさんのようになってしまったが、それでも嬉《うれ》しくて毎年冬になると身を包んでいた。

そんな18歳の頃、私は初めての舞台で宇野重吉さんの演出を受けすっかりファンになってしまう。もっともっと演出して貰《もら》いたいと熱望し、劇団民藝で客演させて貰えることに。

毎日の稽古は、それは楽しく劇団という今まで体験したことのない集団での行動も新鮮だった。こんな経験をさせてくれた宇野さんに、大好きな宇野さんに、何か感謝の気持ちを伝えたい、そうだ、セーターを編もう。手編みのセーター作戦でいこう。年末の忘年会で渡せるよう公演の空き時間も一心不乱で編み始める。事もあろうにやったことのない模様編みに挑戦した。宇野さんの大好きな（勝手に私が思い込んでいる）深緑の毛糸を買い、本と必死に睨《にら》めっこをしながら、勿論《もちろん》時々、最後はほとんど母の助けを貰いながら、完成したそれは、自分でもびっくりするほど完璧な出来栄えだった（これも思い込みかも）。

いよいよ手渡す日が。宇野さんは私が不器用に包んだ包装紙を開けセーターを手に取り、「おおおー」と歓声を上げた。そして着ていたセーターを目の前で脱ぎ、わ、わ、私のセーターをまるで若者のようにカッコよく着た。それは奇跡のようにピッタリで、とても似合《にあ》ってらした。顔をくちゃくちゃにして笑い、私の頭を撫《な》でてくれた。その数年後宇野さんにがんが見つかる。身体に良いという湧き水をヒーヒー言いながら運んだ時も、宇野さんはニコニコしながら頭を撫でてくれた。若さというものは怖《おそ》れを知らない。自分の想《おも》いだけで行動に走れる。セーターもお水も、宇野さんにとっては大迷惑だったかもしれない。でも私は純粋に想いを伝えたかった。

自分のために編み始めたベージュのセーター、一向に出来上がる気配なし。

開演前から大興奮!?

待ちに待ったクイーンの日本公演が行われたのは先月末のことだった。

フレディ・マーキュリー亡き後、アダム・ランバートという素晴らしいボーカルを迎え、再生したクイーン。2014年、音楽フェス「サマーソニック」で初めてそのステージを観《み》た時も涙が自然に溢《あふ》れ、美しいエネルギーを身体中に浴びたような感動だった。またあのステージを観ることが出来るなんて。

幸運なことに、公演の主催者の方を知っていたこともあり、チケットをお願いできた。そして当日。娘と友人と2時間前に集合し、いざ埼玉へ。

友人は高校時代からのファンで、彼らの曲に励まされながら生きてきたと言える。車中、爆音で曲を流し、「We will we will rock you!」「We are the champions!」と一緒に歌う。気分は最高潮だ。

「もう板橋だ。1時間前に着いちゃうね」。友人が言う。「本当にありがとう、チケットが取れるなんて思ってもいなかったから」。続けて娘が「ほんと、その人達最高！」と叫ぶ。

ん？　チケット？　えーと、チケットはどこだ？　確か絶対に忘れてはいけないと思い、玄関に置いたままでは覚えている。全員が凍りつく。引き返したら確実に間に合わない。あー、どうしよう。

ハンドルを握っている友人が叫ぶ。「どうする？　高速降りる？　引き返す？」。娘も叫ぶ。「落ち着こう、とりあえずみんな落ち着こう」。「あー、ごめんなさい」。私も叫ぶ。みんながパニック状態だ。主催者の方に連絡を取り事情を説明しようとしたが連絡がつかない。

とその時、私は思いついた。二千翔《にちか》だ、二千翔がいる。今日は日曜日、滅多に出かけることをしない息子に電話をかける。

「はい、もしもし」「あー、ニッカ、あのね、実はチケットを忘れちゃったの、玄関にあるか見てくれない?」「あー、あったよ」「じゃあ、それを持ってきてくれない?」「えーどこ?」「ん、埼玉」「エー?」と引きつって笑った後に彼が言った言葉は「わかった」だった。

折角《せっかく》の休みに、母親のせいで、2時間も運転しなければならないのに何も言わずに、助けてくれる。「お兄ちゃんいい人」「なんていい子なの」。車中はまたまた違う喜びの興奮状態に。再び、いざ埼玉へ。とその時、主催者の方から連絡があり「番号を控えているので、大丈夫ですよ」と。ありがたい。埼玉に向かって来てくれている息子に連絡し、無事に会場に着くことが出来た。息子は家へ引き返す。

ステージは、「フレディを、クイーンをみんなでお祝いしよう。物語はまだ続くんだ」というアダムの言葉の通り、それはそれは素晴らしく、夢のような時間でした。ありがとう。そして、ごめんなさい。

30年後の「ラヴ・レターズ」

舞台上には、2脚の椅子と小さなテーブルが置かれ、あとは何もない。男優と女優が1人ずつそこに座り、8歳から約50年にわたって交換された手紙を読む朗読劇「ラヴ・レターズ」。新しく生まれ変わったＰＡＲＣＯ劇場のこけら落としであり、この演目の30周年記念の公演が12日に行われた。

私は、その第1回の演者だったのだが、あれから30年も経ったなんて。32歳の時の私……。30歳で夫を亡くし、1年後に当時絶大なる人気者であった明石家さんまさんと再婚し、長女をもうけ、日々育児や家事に追われる毎日だった。基本的に彼は、妻には家にいて欲しいと望んでいたので、1年半ほど私も仕事から遠ざかっていた。

ある日のこと。シャワーを浴びている時、自分の身体の細胞がプツプツと動いているような感覚があった。塞がれている皮膚の内側から外に出してと叫んでいるような、なんとも言えない感覚。それは「芝居をしたい」と叫んでいた。そう自分で勝手に解釈しただけかもしれないが。そのことを彼に話し、仕事を再開した最初の舞台がこの「ラヴ・レターズ」だった。

2時間の本番はあっという間に終わり、相手役の役所広司さんやスタッフさんと簡単に乾杯をする。役所さんの奥様もいらして感想を仰《おっしゃ》っているのを羨《うらや》ましく見ている自分がいた。お化粧も落とさぬまま急いで帰り、玄関の扉を開ける時、抱えていた花束をそっと後ろに隠した。仕事をあまりして欲しくないのを承知の上で結婚したのだ。今日は許してもらって仕事をしてきたのだから、仕事の匂いをさせてはいけない。そんなことが頭をよぎる。

何事もなかったように急いで服を着替え子供をみていてくれた母に礼を言い、バタバタとお風呂に入れた。

それも若さだったのかもしれない。今ならきちんと向き合い、自分のやりたいことを理解してもらえただろうが、当時の私はそれをしなかった。

役所さんご夫婦のようには理解しあえないものと決めつけ、不満ばかりを育ててしまっていた。30年経って演じた「ラヴ・レターズ」は、当時では分からなかった感情が理解出来て、また違うものになった。

例えば50を過ぎて言うセリフに、「死に近づきつつある私たちは」というものがある。前はそれほど現実味を感じなかったことも感じられるようになる。主人公の二人のように思いがけないことも沢山《たくさん》起こった。自分らしく楽しく正直に生き生きと生きていきたい。もうページは、かなり後半になってきたのだから。

おとなの社会科見学

歯磨き粉のCMに出ている。自分が宣伝するに当たって、その商品が一体どんなものであるのかを知るというのはごくごく当たり前のことである。が、その商品がどこで、どんな風に作られているかまでを知る機会はあまりない。

「一度、是非工場見学にいらしてください」と仰《おっしゃ》ってくださったので、先月、花王さんの和歌山工場にお邪魔した。

想像をはるかに超えた広い敷地内に（甲子園球場の約13倍）幾つもの工場、研究所、そしてエコラボミュージアムがあった。

あー、小学校の社会科見学のように、ノートに鉛筆を持ってくればよかった。

泡についての研究、そのこだわり、ある部屋には何十台もの洗濯機が並べられ、汚れの落ち方、泡の消え方、水の硬度による違い、などなど気が遠くなるような実験が行われていた。

製造工場での精密な機械によって歯磨き粉などが作られる工程、説明してくださる工場の方の誇りに満ちた笑顔。そしてミュージアムで環境問題の研究と開発の成果を見る。

製造、梱包《こんぽう》、発送、あらゆる面においての無駄を省き、余計な資源やエネルギーを出さないことを考えているという。

一日に使う水の量を目の当たりにしてみると、ただただ反省しかない。幼い頃、ほうれん草を茹《ゆ》でたお湯で泥んこになって帰ってきた私の足を洗ってくれた母の顔が浮かんでくる。知らないこと、見過ごしていること、無神経になっていることが多過ぎる。

ミュージアムの出口には綺麗《きれい》なおもちゃのブロックが積まれていた。聞くと廃棄物を利用して作り、病院や自治体など喜んでもらえる所に置いているという。「こんな風にしていらっしゃるのは花王さんだけなのですか?」と聞いてみた。

「そんなことはありませんよ。もちろんうちは力を入れていますが、みんなきちんと考えています。この廃棄物利用は、他社とも共同でやっています。世界中の問題ですからね。みんなで一緒に考えなくては」

ノート、ノート、ノートが必要だ。ライバルの党が何をしたとかしないとか、もちろん事実を追及するのは必要だが、今考えなくてはならない問題をみんなで一緒に協議してもらいたいものである。明日を担う子どもたちのために。

大丈夫になるための道を

4月に初日を迎えるロシアの劇作家チェーホフの「桜の園」の稽古の毎日である。没落寸前の貴族とそれを取り巻く人々を描いているのだが、稽古を重ねれば重ねるほど楽しくなってくる。

演出のケラリーノ・サンドロヴィッチさんを中心に、芝居が大好きな役者たちが揃《そろ》っているわけだから面白くないはずがない。幕が開くまでの1カ月、悩みながらみんなと深めていくこの時間がとても好きだ。幕が開けば、だが。

2月26日に安倍首相が出したスポーツ・文化イベントの2週間自粛の要請。あちこちの劇場が公演中止となった。中には明日から本番というところもあった。100人規模の小さな劇場で自主公演するはずだった公演も中止になった。要請なので損失は自己負担となる。小さな制作会社では潰れてしまうかもしれない。

つづいて全国すべての小学校、中学校、高校、特別支援学校について、3月2日から臨時休校の要請。それは、あまりにも突然だった。

対応に追われる教職員、卒業式もできない子供たち、母子家庭や共働きの子供たちはどうするのか、学童保育に大人数が押し掛けたら、余計に感染リスクが高くなるのではないか。対応の費用は？　記者の質問に「つまんないこと聞くね」と言う某大臣。そのつまらないことの中で私たちは何とか生きているのだ。

施設に入っている高齢者たちは家族との面会が遮断され、人によっては認知機能の低下が進む恐れもあるという。

がらんとした飲食店、キャンセルが続く旅行会社、稼働しない観光バス、空っぽの棚のスーパー、トイレットペーパーやマスクを求める列、疲弊するドラッグストアの店員さんたち、電車の中で咳《せき》を巡って起こるいざこざ。

何かがおかしい、どうすれば良いのだろうか。船に閉じ込められたまま不安な日々を過ごしている方が大勢いたあの時、まず今は急いでやらなければならないことを話し合ってほしいと、国会中継を見ながらヤキモキしていたのは私だけではないだろう。

暖かくなればインフルエンザのウイルスのように力を持たなくなると言う人もいるが本当だろうか。とにかく早く終息することを願うのみだ。

ダイジョウブかもしれない、でもダイジョウブじゃないかもしれない、だったら大丈夫になるための道を選ぶべきだとは思う。それに伴う数々の問題を答弁の紙など見ずに答えてくれる方たちが増えることを願う。そしてまた、この情報が溢《あふ》れる時代の中で、どれが真実でどれが嘘《うそ》かを見極める知性と理性を持ちたいと思うのです。

歯を食いしばった先に

日本中が、いや世界中が落ち着かないせいか夜中に何度も目が覚めてしまう。その度に、スマホのニュース画面をチェックしてため息をつきながらまた眠りにつくといった日々。

友人の舞台はやはり3本とも、初日を開けることはできなかった。私の芝居も、もしかすると開かないかもしれないが、稽古場に行けばその全てを忘れることができるから不思議なものだ。今は何も考えず、より高めていくことだけに集中するしかない。

そんな中、すぐ下の妹が還暦を迎えた。小さい頃から私の後をつけ「おぶちゃん、おぶちゃん」と言っていた泣き虫の妹。学校から先に帰った私がふざけて死んだ真《ま》似《ね》をしていると何度でも騙《だま》されて、泣いて悲しがってくれた妹が還暦だなんて。

母の介護ヘルパーさんだったKさんが妹のためにたこやきを焼いてくださると言う。よし今日は鉄板焼きでお祝いだ。

息子と私の友人と妹と、そしてテーブルに母の写真を飾る。

「お母さん、恵がもう還暦ですって」。私が母に話しかける。「えー、恵がぁー、還暦ぃー」と母の真似をすると、もう妹は涙涙だ。「あー、そうだね、きっとそう言うね」

彼女が高校生の時に私たちの父はがんで亡くなった。「おぶちゃん、私ね、今自分の将来を決めたよ。福祉のお仕事をしていく、お父さんに今誓ったよ」と泣きながら言っていた通り福祉の大学に入り、結婚し子供を育てながら、公務員として高齢者の方のお世話を30年以上続けている。母のことを一番看《み》てくれていたのも妹だった。

40歳の時に離婚し、その後、女手一つで2人の息子を育て無事に自立させた。たくさんの苦労も共に見てきたがその都度、母が大きな強い力をくれていた。「そういう時こそ歯を食いしばって、なんのこれしきと思って、ファイトを持って進んで行かなくちゃダメ」。握り拳を上にあげ力説していた。今も時々そんな母を思い出す。私たちはそんな強い母の娘なのだ。還暦になっても変わらず可愛らしく優しい妹のこれからの人生が豊かなものであって欲しいなと心から思う。父も母もかならず守っていてくれるから。

数日後は3月11日。あれから9年が経った。私たち姉妹には想像できない9年間

であったと被災地を想《おも》う。あの14時46分、その同じ時間に宮城県で大きな虹がかかったというのをニュースで知る。

青い空にかかった大きな、大きな虹のアーチ。どんなことがあっても生きてゆかなければならないのだ。チェーホフの「ワーニャ伯父さん」の中に大好きなセリフがある。「仕方ないわ、生きていかなければ。ね、生きてゆきましょうよ」。そんなことを遠く東京の空で祈った。頑張って下さい。

一体、何が起こっているのか

ただただ、ため息をつきながらテレビのニュースを見て、ただただ、芝居の稽古をする日々。

3月。沢山《たくさん》の友人の芝居は、幕が開けられない状況が続いていた。中旬、やっと幕を開けられたと思ったら、突然明日が千秋楽と告げられ、そこで全てが終わった公演もあり、1度も幕を開けず終わってしまった友人もいた。

私たちの初日は4月4日。やや不安を抱きながらも春になれば終息すると何の根

優しくて、とても魅力的な
方でした。悲しいです

拠もなく信じていた。そして今。当然初日を迎えられず、14日に延期された。それでもいつ開くともわからない初日を信じ、稽古を続けている毎日だ。

そんな中、先日、志村けんさんが亡くなられたというショッキングな報道が。感染が判明してからわずか1週間にも満たない間にだ。人工心肺装置エクモにつながれた志村さんを想像した時、8年前の中村勘三郎さんの姿が重なった。彼は食道がんの術後に肺炎になり、エクモにつながれた。

エクモとは、一時的に肺を機能させずに休ませるための機械だ。24時間、血液を抜き出し、エクモを通して酸素を含んだ血液を戻す仕組みになっている。そこには何人もの特別な医師が付き、想像を絶する集中力と技術を持って患者の容体をチェックする。勘三郎さんの時も大勢のお医者様が、頭の下がるような、血のにじむような努力で彼の命を救おうとしていた。

24時間体を動かすことができず集中治療室の天井をじっと見ていた勘三郎さん。私たちは、ただただ祈るしかなかった。彼の肺の役割をしてくれているエクモを眺めながら。

あれから8年。こんな形でエクモの存在を思い出すなんて誰が予測できただろうか。奥様の好江ちゃんと、志村さんは助かって欲しい、あー頑張って欲しい、と毎晩のように電話で話していたのに。あれほど、子供たちから大人までに、笑いを届けてくださった人が何故こんな目に合わなければならないのだ。非情だ、非情すぎる。

志村さんが身をもって教えてくださった新型コロナウイルスの恐ろしさに私たちはどう対応していけば良いのだろう。まずは自分の命だ、きちんと命を守ることだけを考えよう。

ノーベル医学・生理学賞の山中伸弥先生がおっしゃっていた。新型コロナウイルスは、すぐそこにいるかもしれません。桜は来年もかならず帰って来ます。もし人の命が奪われたら2度と帰って来ません。一人一人が油断しないことをお願いすると。

幕が開くか開かないか、今は全くわからない私たちの芝居「桜の園」。舞台のセットの桜は満開に、美しく、幸せそうに咲いている。この桜を心置きなく見てもらえる日が、1日でも早く来ますように。

また逢いましょう

無念だ。無念という言葉の意味を今、初めて知った気がする。

4日に初日を迎えるはずだった舞台「桜の園」の全公演が中止になった。2月17日から稽古が始まり、皆と一緒に積み上げて来た芝居は、緊急事態宣言が発出される直前に中止が決まった。

ジ・エンドだ。すべてが消え去った。

稽古当初、「幻の名作と言われるかもしれないね、観《み》られなかったけど、凄《すご》かったらしいよって」と冗談で笑いながら話していたっけ。4月になれば、完全に芝居はできるとタカをくくっていたのだ。

3月、状況が少しずつ悪化し、友人の芝居が次々に公演中止になっていったが、私たちは幕が開くことを信じ稽古に集中していた。言い換えれば、危うい中での毎日に、確かなものを摑《つか》み取りたかったのかもしれない。芝居をすれば全てを忘れることができたから。

人間は未熟な生き物だ。自分の身に降りかかって初めて他人の悲しみや苦しみを理解することができる。中止せざるを得なくなった何人もの友人が言っていたではないか。

梅沢昌代さんは「いやー、悲しいねー」と。渡辺えりさんは「お客さんの笑い声が聴きたかったよ」と。キムラ緑子さんは「身体中の力が抜けた」と。「一晩中泣いた」「この想《おも》いをどこに持って行けば良いのか」と言う友人もいた。

ギリギリまで稽古をし、自宅待機している私たちに来た突然の連絡。「全公演中止」。さよならも、またねも、ありがとうも言えずみんなが散っていった。今年の桜のように。

2カ月かけて身体に染みついたチェーホフの世界。完璧な人間は1人も出て来ない、愚かで少し悲しく、何より笑える芝居だった。これぞチェーホフだった、と思う。観ていただくことは夢のまた夢となった。初舞台を踏むはずだった22歳の杉咲花ちゃんは、ぎっしり書き込んだ台本とノートを持って毎日キラキラした瞳で稽古に挑んでいた。稽古場でのみんなは誰もが美しかった。

あれから3日、まだ3日。この拭いようのない喪失感をどうすれば良いのか、明け方ふと目を覚まし、何気《なにげ》なく見た知り合いのSNS。マドリードの40代くらいの男性医師が子供のように涙をボロボロと流しながら訴えていた。

「今から私たちは65歳以上の患者さんの人工呼吸器を外さなくてはなりません。死を待つのみになるのです。残酷すぎます」と。

そう、芝居どころではないのだ。自粛すべし、そしてただ祈るのみ。必ず劇場でまた逢《あ》えるのだから。

自粛生活の日々

自粛の生活が始まって約10日。なかなかの日々である。これを貴重な経験と捉え、気持ちが沈まぬよう、今までやりたくてもできなかったことができるいい機会だと思おう。

家で映画を観《み》るのもいい、部屋を徹底的に片付ける、いわゆる断捨離というものをやってみようか、あー、そうそう本をじっくり読むのもやりたかったことの一つだ。が、そうは思った通りにはいかないものだ。

まずは食事。作って、食べて、片付けて。その間になんとなくの掃除をし洗濯をし、ニュースを見て友人と電話で話せば、あらあら、もう外は暗くなっている。そして、またまたキッチンへ。

何を作ってもあまり反応の無い35歳の息子との食事タイム。一人だったら何を食べようが関係ないのだが、そうはいかない。しかも、息子はテレワークなのに、かなり時間に厳しいのである。先日も昼食ができたので声をかけると、「昼休みは1時からなので1時にならないと」「えー、できたばかりの方が美味《おい》しいよ、野菜炒めもお味噌汁《みそしる》も出来立てが美味しいから」と言っても、とんでもないという顔で見られる始末。

そして、キッチリ7時過ぎになると部屋を出てくる。私に入って来られるのを阻止したいときは、部屋のドアに「会議中」の紙が貼ってある。はいはい、わかりました。お仕事頑張って下さい。友人と共に始めた会社もやはり厳しいらしく、今後どうしていけばいいかを考えているようだ。みんながみんな大変な日々を送っている。

虐待やDVが増えているというし、鬱《うつ》になっている人もいるという。職を失った人、なにより医療従事者の方、そして、生活に密着したお仕事をする方の疲弊。様々な問題を報道するTVを見てはため息をつく。重い気持ちでスーパーに行った帰り道でのこと、住宅街を車で走っていると重そうなコンビニの袋を片手に提げ、二本の松葉杖をついて向こうから歩いてくるおじいさん。よく見るとその方は片足がなかった。私は思わず車を止め、窓を開ける。

「お手伝いしましょうか」「あ、大丈夫です、すぐそこなので」「でもよかったら乗って下さい」「本当に、数軒先のあのアパートなんで」と指をさす。あまり言っても失礼だと思い、その場を離れた。車を発進してからハタと気付いた。今は人と触れてはいけないことを。あのご老人はたまたま家が近かったから接触しなかっただけかもしれないが、もし近付いた私が知らないうちに感染者だったらと思うとゾッとする。感染することも、感染させることも恐怖だ。おじいさん、マスクしてなかった。なんだか淋しい気持ちになる。

それにしても、マスクいつ届くのかなあ、鼻が隠れない466億円のマスクは……。

今はこれでいい、頑張ろう

緊急事態宣言から1カ月が過ぎた。沢山《たくさん》のお客様やお花に囲まれ、公演中の筈《はず》だった4月は虚《むな》しく過ぎ去り、友人と旅行に行く筈だった連休も、あっという間に終わってしまった。ややもすれば今日が一体何曜日かも忘れてしまいそうな毎日。ゴミ出しの朝、やっと曜日の感覚が戻ってくるという有様《ありさま》だ。

ここまで仕事をしないのは、娘の出産以来かもしれない。30年ぶりの主婦だけの仕事の日々……。んー、そこに喜びを見いだし、自分を高めていくにはどうすればいいのか。これはこれでなかなか大変だ。

誰が見るわけでもないので洋服は常にTシャツにジーンズ。それを洗っては、着るだけなので2、3枚あれば十分だ。髪がボサボサでもスーパーに行く前にチョチョッととかせばそれでオッケー。夕食の支度前に本を読み始め、ウトウトとお昼寝しても咎《とが》められることもない。

35歳の息子との静かな食事。「これ美味《おい》しいでしょ?」「ウン」。なんとも弾まない会話。私も息子も飲む訳でもないので、すぐに終了。ご馳走様《ちそうさま》と部屋に入る息子を見ながら、ふと母が元気な頃を思い出した。晩酌を楽しみに2時間近くゆっくりと食事を楽しんでいた母。1時間はなんとか付き合いながら私も今の息子と同じように先に席を立ち自分のことをしていたっけ。なぜもう少し付き合ってあげられなかったのかと、今になって思う。

捨てられない初めて買った料理本。
40年近く前のものです

母と同じように1人台所で洗い物をし、ゴミの始末をしながら母を真似《まね》ている自分がいることに気付く。生ゴミの水気をきちんと切り、なるべく量も嵩張《かさば》らないように気を配る。今は通常の何倍もの量を収集しなければならない方のご苦労を考えるとそれは当たり前のことだったなあ、と今更ながらに思う。あー、終わった。そうつぶやいて、台所をピカピカにして1日の終わりを実感する。今はこれでいい。これで頑張ろうと思う。

そう言えば、何年か前に雑誌の取材で、時間があったら何をしたいかとの質問に、毎日食事を作りたいですと答えたことがあった。「忙しくて母に任せることもあったので、私の味を子供たちに伝えていきたいです」なんぞと言ってたことがあったっけ。それが叶《かな》った今、何を思うか……。「ねえ、今日お母さん、疲れちゃったから、コンビニのお弁当買って食べてくれない?」と言ってみた。「んー、それはちょっと……」

と、私はこんな日々の小さな出来事を書くくらいしかありませんが、厳しい現状の中で、命をかけて闘っていらっしゃる方々や、生活の不安を抱えている方々が、なんとか無事に暮らしてゆけるよう、迅速に、本当に迅速に「検討いたします」ではなく、行動していただきたいと心から思うのです。

もう少し、もう少しと、祈るのみ

自粛生活が始まってどのくらい経ったのだろう。

早2カ月。4月の初めまで稽古をしていたわけだから、実際は家に引き籠《こも》ってから1カ月半が過ぎたことになる。何も変わらない日々。

久しぶりに散歩とやらをしてみた。近所の公園を1人歩く。家族連れが楽しそうにバドミントンをしたり、フリスビーをしたり、仲良くウォーキングのご夫婦もいれば、黙々とジョギングに勤《いそ》しむ人もいる。夏空のような空の下、全てが平和に見える風景。この公園はこんなにも緑が美しかったかなあと、不思議な思いで、私もその平和な風景の一員となっていた。

落ち着かない状況にやや慣れて来たとはいえ、日常は退屈であり、そして少しばかり孤独でもある。高齢者になって自分を保つことができる人は、孤独を楽しめる方法を知っている人だと、母の主治医の先生から聞いたことがあるが、わたしはもしかしたらそうではない方かもしれない。孤独を楽しむのは、なかなか難しい。

洗濯機に糸くずが詰まり、説明書を見ながら必死に色々試し、最終的に排水口の詰まりに気付き息子に直してもらう。これもひとつの喜び。「今日は食器を洗ってね」。言ったことをやってもらえた時の、これもまたひとつの喜び。でもそれだけではなあ。

勿論《もちろん》、芝居をするのが一番の喜びであるのは言うまでもないが、それは、いずれまたできる。ただ人に触れ合えない寂しさは思った以上に辛《つら》いものだった。先週の朝日新聞で終末期でありながら家族と会えない患者さんの記事を読む。どんなに辛いだろうと胸が詰まる。面会を禁じられている高齢者もまた同じだ。そんな中、入院している友人のお母様が、体調を崩し、予断を許さない状況になった。

彼女がお母様と会えなくなって2カ月が過ぎていた。病院まで行き、手紙を預け、様子を聞く毎日、それでも何とかお願いし10分くらいならという条件で面会が許された。お話しすることもお食事もままならない状態だったが、友人が行くと目を開き、嬉《うれ》しそうに笑ってくれたという。目に力が少し出てきたような気がすると。また暫《しばら》くは会えないけど少しでも会えて良かったと。

面会を許す方も、お願いする方もギリギリの選択で歩み寄る。何て悲しいんだ。もう少し、もう少し、あともう少しだから頑張ってくれることを祈るより他にない。もう少し、本当にもう少しだ。

自分の喜びについてなんて考えている場合ではないなと思いながら、足元に転がってきたボールをとって可愛らしい男の子にポーンと投げた。君たちの未来が、この新緑のように、どこまでも美しい世界でありますようにと、心で呟《つぶや》きながら。

なぜ今、なぜあなたが

夏の高校野球の中止が決まった。少年たちの心はどうなるのか。命に関わることだからなぁ、と必死に涙をこらえながら説明をする先生方。小さな時から野球に全てをかけて生きてきたのに。あー、悲しいなーと、そんなことがあった同じ日にとんでもないニュースが入ってきた。

検察庁の黒川検事長が自粛要請の中、3密の状況で賭け麻雀《マージャン》をしていたというのだ。本人も認めたというのが、この原稿を書いている時点で報道されている事実である。

ほんの数日前まで、検察官の定年延長問題で国会や世論は沸き上がっていた。

政府が認めれば役職定年になっても特定のポストにとどまれる特例をつくるとい

う、よく解《わか》らない検察庁法改正案を通そうとする内閣。野党は、今この問題を急ぎやらなければならないのかと食い下がる。それに対しのらりくらりと答弁を繰り返す政府。数年前のあの法案のように、強引に通過させてしまうのだろうか。そんな不安があった週明け、今国会では改正を断念するとの発表を聞き、安堵《あんど》した。

あー、まだこの国も捨てたもんじゃない。声を上げれば、小さな声でも大きな山だって動かすことができるのだ。そうだ、ＯＢである元検事総長も意見書を提出していたではないか。かなり先輩の方々が意見書を持っていく姿に勇気をもらったではないか。信じよう、民主主義のはずであるこの国の民の力を信じよう、今は自粛の時、もう少しだ、もう少しの我慢だ。みんな我慢しているのだ。それなのに……。

検察官てなんぞや？　悪いことをした人を裁判にかける人ですよね？　検察官だけが、法を犯した人間を、総理大臣さえも起訴できるんですよね？　あれほど国民に呼び掛けていた3密の状況の中で法を犯す賭け麻雀をしていたなんて誰が想像できるだろう。小さな声が届いた訳ではなく、このマスコミ情報が飛び込んできたので、国会での見送りが決まったのだろうか。

球児たちの絶望感、何十年も続いてきた地元の小さなレストランも潰れた。ライブハウスも、自粛を守って潰れている。寄付金や補助金の手続きをする人で役所には朝から晩まで人が詰めかける。事実、私の妹も朝6時半に出て帰るのは、ほぼ夜の11時だ。

命をかけて必死で働いている病院関係者の方々、誰の面会も許されず、病院で亡くなった方もいるだろう、先行きが見えず自殺した方もいた。そんな状況の中で、悪いことを追及すべき立場の人間がなぜ、麻雀ができるのか教えて欲しい。事実を正しく報道すべき新聞社の方がなぜ？　怒りを通り越してなんだか恐怖さえ感じてしまった。それでも、小さき声をあげてゆきたい。

じじちゃまに捧げます

緊急事態宣言がやっと解除された。まだまだ注意しながら生活をしなければいけないのは承知しているし、医療現場は今も緊張感の中で大勢の方が働いて下さっている。それでも少しずつ以前の生活に戻る準備を皆がスタートさせた。

そんな中の先月30日のこと。その日は、中村勘三郎さんの65歳になるはずだった誕生日。奥様の好江ちゃんから「良かったら来ない？」とお誘いを受け、2カ月ぶりにご自宅へ伺うことに。もちろん毎年やっているちょっと寂しい誕生日をお祝いすることもあったが、彼女が私を誘った理由はもう一つ他にあった。

勘三郎さんの孫であり、勘九郎さんの二人の息子、勘太郎君（なおちゃん）、長三郎君（のりちゃん）に会うのも久し振《ぶ》りだ。大きくなっているだろうなぁ、こんな長い間会えなかったのは初めてかもしれない。久し振りに彼らに会う喜びと、もう一つ好江ちゃんの昨夜の話に妙に私は興奮していた。かけがえのないその瞬間を見るために車を走らせる。少し寂しい六本木の街で、私は勘三郎さんにではなく、二人に花束を買った。時間よりかなり早めに波野家に着く。二人とも少し背が伸びていたが、相変わらずの歓迎ぶりで嬉《うれ》しくなる。下ののりちゃんは今年ピカピカの一年生なのに、まだお祝いすら出来ていない。

時間になった。二人は浴衣に着替え、袴《はかま》をつける。この1カ月お父さんと練習してきた踊りをじじちゃま（勘三郎さん）に捧げるためだ。稽古場に降りると上のリビングとは違う、凜《りん》とした空気が流れる。じじちゃまの写真を置く。

「お願いします」と頭を下げる。音楽が流れる。しっかりと腰を落とし、足を踏ん張り、気合も気持ちも充分に伝わってくる。手の位置、動き、そして目線。その全てに心を奪われた。

3人でまたいつものように
鬼ごっこをして遊びました

小さな二人の兄弟は、この自粛期間中に父親と稽古を重ね、積み上げてきたその全てを、今じじちゃまに捧げているのだ。なおちゃんは堂々とし、もう立派な役者に見える。のりちゃんは精一杯《せいいっぱい》、緊張しながらも必死になっている。私は声を出して泣きそうになり、思わず手で口を押さえた。

この子たちに芝居を教えたりする日も来るのかなと思っていた私は傲慢《ごうまん》だった。私自身が今、この子たちに教えられている。いつどこで呼ばれても役者は、それに応えねばならない。舞台に立っていない時間こそが役者としての仕事なのだと聞くが、まさにそれを二人から教えてもらった。

演劇は不滅のものだ。今は出来なくてもいつか幕が開くその日のために、今日を生きよう。忘れられない十八代目中村勘三郎の誕生日だった。リビングに戻り、私は二人に花束を差し出した。

ねえ、聞いて、聞いて

ロンドン、ハイド・パークの片隅にあるスピーカーズコーナー。申請することも、お金を取られることもなく、誰がどんな主張をしても良い場所らしい。日曜日になると沢山《たくさん》の人が集まり、自分で用意した木箱や脚立の上に立って演説する人の言葉を聞く。宗教、政治のことだったり、恋愛で傷ついた若い女性の嘆きだったり。とにかく何を訴えてもいいという。実に素敵な場所だ。私がこの存在を知ったのは、今年の初めだった。

この2月から定期的に始まったラジオ番組での1回目の打ち合わせでのこと。「なぜ、ラジオをやりたいか」とのプロデューサーの問いに、「私は話したいんだと思います。今日こんな素敵《すてき》なことが、悲しいことが、許されないことが、日常におこる小さな出来事を誰かに聞いてもらいたいんだと思います」。「まるでスピーカーズコーナーですね」と海外赴任が長かったプロデューサーの方が教えてくださり、番組のタイトルもそのまま使うことになった。

私は両親から自分の意見をハッキリ言える人になりなさいと言われて育った。子供の時はどんな状況でも「先生、はい」と手を挙げて意見を言える学級会が大好きな変わった子だった。その私でさえ社会に出て知恵が付くと「先生、はい」と言う場面が少なくなる。自分が我慢すれば、この場は丸く収まるなどと考えることもあった。

息子が通っていた幼稚園で毎年開かれていたバザーでのこと。その年の私の係は「焼きそば」。前日、みんなで肉以外の材料を持ち寄り、試作をする。キャベツ何グラムに対し、麺が何グラム、ソースは何グラムか決定するためだ。

作業が終わり、片付けに入った時、1人のお母さんが出来上がった焼きそばをガサッとゴミ箱に捨てたのである。私は呆然《ぼうぜん》となり、金縛りにあったように動けない。何事もなく片付けをしている人たち、私は少し震えた声で意見を言い始めた。なぜ、捨てるのか？　このバザーの趣旨は、ハイチの恵まれない子どもたちへの支援をするためではないのか？

突然、話し始めた私にびっくりしたのか、先輩のお母さんが説明を始める。「前任者がやってることだから。しかもお肉入ってないから美味《おい》しくないでしょ」と。「前任者は関係ないのです。私たちが今どう思うかが大切です。持ち帰りお肉を入れればいいし、勿論《もちろん》そのままでも食べられるじゃないですか。直していくべきなのです」

何だか弁論大会の壇上にいるように、震えながらも、しっかりした大きな口調で訴えた。

そして何と、翌年からは、持ち帰ることになったということです。

さあ、やりますか、お母さん！

6月1日、この日は母が98歳になるはずだった誕生日。あの頃のように蒸し暑く、大変な夏が始まるんだなぁと、少し悲しくなって来たそんなある日。私宛てに小さな小包が届いた。差出人は母が亡くなるほんの3カ月の間、お世話になったヘルパーのYさんからだった。

その後も時々メールのやり取りはしていたものの、きちんと会ってお話ししてはいなかった。包みを開けると、可愛らしい割烹着《かっぽうぎ》とお手紙が入っていた。

――エステルさんのお誕生日でしたね。しのぶさんはどうしていますか？　この自粛期間きっとお料理されたり、家事をしたりで大変だったでしょう。お母さんのことを思い出しながら割烹着を作ってみたので、よかったら着てみてください――

母が割烹着が好きで、朝起きるとまず割烹着に身を包み家のことをしていたことをお話ししたのを覚えてくださっていたのかと、それだけでも嬉《うれ》しくて涙が出そうなのに、手紙はこう続けられていた。

――実はね、お母さんと過ごした短い時間の中で忘れられない出来事があったん

Yさんが作ってくれた
おしゃれな割烹着です

です。あの時、遠い九州に住んでいる実家の母の容体が悪くなって帰ったでしょう？　その時にね、認知も進んでいたし、母は私のことがわからず、私の顔を見ながら『この太った人は、だあれ？』って、言われてしまって。そのことはしのぶさんにも話したでしょう？　そう、笑いながら話したでしょ、私。『こんなに太っちゃったから無理もないわぁ』って。

でもね、エステルさんにその話をしたら、エステルさんがね、『まあまあ、それはかわいそうねぇ』と言って、私の手をトントンと叩《たた》いてくれたんです。その途端、涙がポロポロこぼれてきて『そうなのお母さん、私ほんとは悲しかったの』と言って子供のように泣いてしまったんです。自分の娘の顔すらわからなくなっている母を認めたくなくて、笑い話にすることでなんとか強がっていたの。あの時、泣けたことが本当に救いでした。どうしてもお伝えしたくて。エステルさんは本当に優しい方でした――

たった数カ月しか触れ合わなかった方にこんな風に思われていたなんて。あれから2年が経とうとしているのに、こんな風に思い出してくださるなんて。笑顔の中に隠された人の心の悲しみを、そしてそれを救う人の優しさを知る。この異常な事態の中で、まだまだ仕事も生活も落ち着かない日々の中だからこそ、しっかりと自分を保ち、正直に、揺るぎなく生きていかなければとまた母に教えられた。丁寧に年を重ねてゆきたい。

母の口癖だった「さあ、やりますか！」と言って、私は割烹着に身を包んだ。

おときさんが選んだステージ

悩みに悩みましたが、開催することを決心しました。

歌手の加藤登紀子さんのお手紙には、そう書かれていた。初めは無観客でのコンサートをする予定だったが、東京都がステップ3になり1千人までの観客を入れることが許されたからだ。渋谷オーチャードホールは2千人以上が入るがソーシャルディスタンスを考え半分の千人までの制限付きのコンサートになった。

「必ず行きます」と約束したのは2月だった。その時、こんな状況になるなんて一体誰が想像しただろう。ホールの前には人があふれている。が、よく見ると下にはテープが貼られ距離を保つようになっていた。検温、そして連絡先を記入する紙を渡される。準備するスタッフも、勇気と手間と不安がある中での開催だっただろう。

一つずつ席を空けて着席する。いつものようなザワザワする話し声は響かない。幕が開く。ミュージシャンたちが音を奏でる。彼らの顔は演奏できる喜びでキラキラと輝いていた。幕が開き、登紀子さんが歌いながら登場する。あの力強い低音がホールいっぱいに響き渡る。それだけで胸がいっぱいになる。歌うことを決意した想《おも》いと聴きにくることを決意した客席の私たち。いつもとは違う緊張感とそして高揚感にホールが包まれていく。

登紀子さんは何度も曲と曲の間に天に向かって握り拳を突き上げる。歌わせてくれてありがとうと言わんばかりに。毎日、ニュースを見て医療現場で闘う人の姿に感謝しながら、自分の無力感を感じたことを話す。医師である鎌田實先生に歌ってくださいと励まされ、決意したと話す。

「知床旅情」「この空を飛べたら」「百万本のバラ」。その歌の中に彼女の人生を感じたのは私だけではないだろう。それはやはり、今そこで歌ってくれている生の姿からのみ伝わってくるものだ。それがステージというものだ。何が正しくて、何が正義かわからない今の状況で、判断していくのは自分自身である。おときさんは歌うことを選んだ。観客は彼女の生き方を生で感じることを選んだのである。

亡くなる1カ月前、少しだけお話しできた杉村春子さんが、築地小劇場時代のことを話してくださった言葉を思い出す。『あなたたちは自由に芝居をできる時代に生まれて幸せね〜』

お客さんの前で歌う喜びを天に向かって大きく「ありがとう」と叫んでいた加藤登紀子さんの姿を思い出しながら、まだまだ続くこの日々に立ち向かっていきたいと思った。平和な日々が早く来ることを願うのみ。

そう、私は冒険家の娘

夕食後、お茶を入れにキッチンに立つ。母と私の赤いお湯呑《ゆの》みが二つ並ぶ。ふと母の声を思い出した。

「どなたかすみませんが、熱いお茶を入れてもらえますか?」。母はいつも丁寧にそう言っていたっけ。それでいて、「あー、これは熱すぎるわねー」と文句を言うことも少なくはなかったが。だんだん身体が利かなくなり、できることが限られてきて、人に頼むしかできなくなってきた自分。それは働き者の母にとってどれほど辛《つら》いことだったのかを今になって理解している私に気づく。

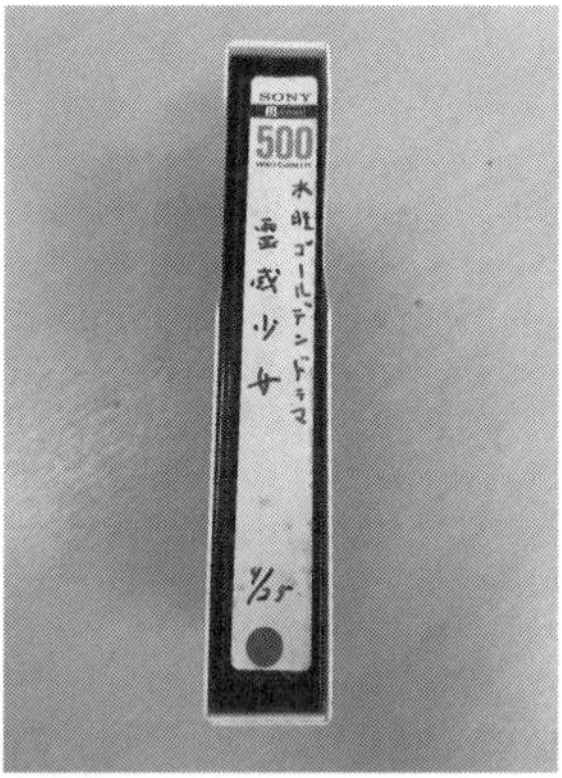

懐かしい母の字。
会いたいなあ……

そんなことがあった次の日、娘から届いた親族へのグループLINE。『昨日ね、おばあちゃんの夢を見たの。屋上におばあちゃんと私がいてね、おばあちゃん、ずーっと本当に大変だったんだね、大人になってわかることがいっぱいあったって私が言うと、「大変じゃないわよ、私は冒険家だから」。そのまま2人でしばらく景色を眺めててね、少ししたら、おばあちゃん散らかってたところを一生懸命片付け始めた夢。寂しくもなったけど、なんだか元気になったよ』

冒険家かぁ。なんて素敵《すてき》な言葉なんだ。

その日の午後、事務所に置いてある昔のビデオを何げなく見てみると、友人にもう一度観《み》たいと言われていたビデオがそこにあるのに気づく。懐かしいソニーのベータのビデオ。40年前の作品だ。タイトルを見て私は胸がキュンとなった。薄汚れて少し剝がれかけた紙に書かれた、特徴のある母の字。その頃の母はもちろん元気で、毎日撮影に行く私のために、必ずおにぎりを作ってくれていたことを思い出す。

私の中で、母の元気な頃の記憶が薄れていた。ここ10年の、お茶を入れてあげて、話を聞いてあげて、計算ドリルにつき合ってあげて、食事も小さくほぐしてあげて、トイレに立ち上がる手助けをしてあげて、年老いた母だけの記憶になっていたのだ。

娘の作品をきちんとビデオに録画し整理してくれていた母、孫たちの世話も文句ひとつ言わずやってのけてくれた母、今ここにいる私を育て上げてくれたのは間違いなく母なのに。どんなつらいことがあっても、なるようにしかならない。負けてたまるかと言っていた母。経済的にかなりしんどい時も、5人の子どもたちを立派に育て上げた母の精神が、娘の見た夢によってまた蘇《よみがえ》ってきた。

　そう私は冒険家の娘なのだ。どんなことがあっても突き進んでいこう。頑張るしかないのだ。

18歳の頃のように

学生時代の友人Y子から、久しぶりの電話。昨年の秋、夫を亡くし、コロナの影響で仕事も無くなっていないかなと、私は彼女の誕生日にプレゼントを送っていた。「ありがとう」。久しぶりに聴く彼女の声は心なしか元気がなかった。

私たちが出会ったのは、18歳の大学1年生の時。演劇を志し、京都から出てきた明るく頼もしく優しい女の子がY子だった。1時限目が早い前日は、私は決まってY子の小さなアパートに泊まりに行き、お菓子をポリポリ食べながら、いつも明け方までおしゃべりをしていた。

27歳の時に私の夫にがんが見つかり、母にも他の誰にも言えなかった私の話を聞いてくれたのも彼女だった。亡くなってからの気の狂いそうな日々も、深夜の電話に付き合ってくれた。その後、彼女も結婚し、お互いに子育てに追われて会えることも少なくなっていった。

その頃から彼女は苦労の連続だった。

遠くに住む母親の認知症が分かり、行ったり来たりの日々。一区切りついたかと

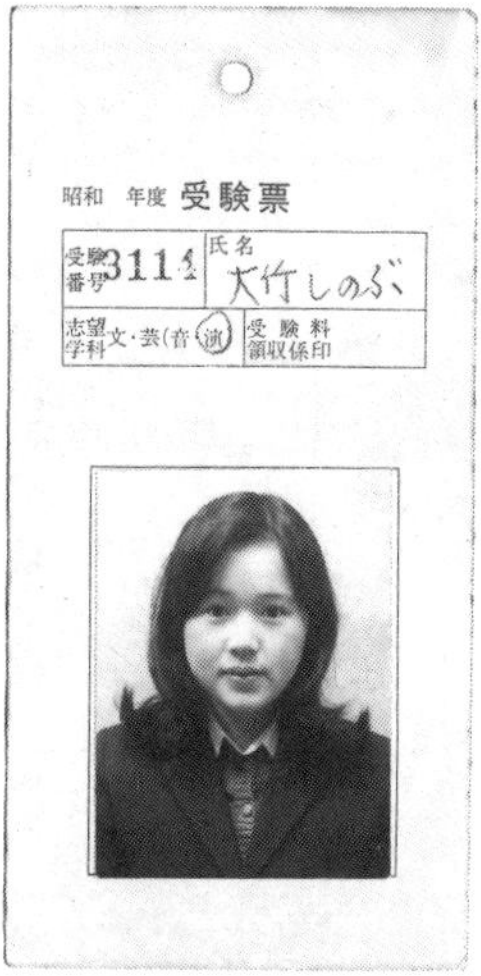
昭和　年度 受験票
受験番号 311
氏名 大竹しのぶ
志望学科 文・芸（音・演）
受験料領収係印

Y子と一緒に通った
大学の受験票です

思ったら、次は父親。そして去年はご主人を亡くされた。経済的にもずっと大変だったようだが、彼女は明るく、朝から晩まで体をフル回転させて働き続けた。

「ねぇ、ノブ、この年になったらもう少し楽になるのかと思ってた。でも次々と問題が起こる。いやぁ甘かったね。お陰でダイエットはできたけど」。そんな話をしたのは3年ほど前だったと思う。どんな境遇になってもY子はいつも明るかった。

でも今日はなんだか違う。

また何かあったの？　私は恐る恐る尋ねてみた。「さすがに体がちょっとしんどくなったので今の仕事をやめたら、コロナで自粛の日々が始まって、さぁまたファイトを持って仕事を見つけなくちゃと思っていたら、なんと、空き巣に入られたの。しかも泥棒もあまりに何もなくて腹立てたのか、家中ぐちゃぐちゃにされて一気に力が萎《な》えちゃって」

「だからね、ノブからのプレゼントほんとに嬉《うれ》しかったよ。すごい年になっちゃったね。18歳の私たちの未来はキラキラしていたのに」。確かにあの頃の私たちには夢が無限に広がっていた。でもね、と私は言った。「まだまだだよ、今の私たちにもキラキラした未来はあるよ。人と比べるのは良くないことだけど、住む家があって、2人の子供を立派に育てて、お姑《しゅうとめ》さんの面倒を見て偉いよ、大変だった時間に楽しいこともいっぱいあったように、これからも楽しいことは絶対にあるよ」

「そうだね、それ信じて頑張りますか！」

そう言った彼女の声に少しだけ力を感じ、電話を切った。久しぶりに彼女の家を訪ねてみよう。18歳のあの頃のように、未来の話をしてみよう。

命の煌《きら》めき見せる場所

降るようなセミの鳴き声の中、夕方6時を告げる近くの教会の鐘が響き渡る。

いつもと変わらぬある夏の風景。それなのにこの何とも言えぬ落ち着かなさと不安と、ややもするとため息をついてしまいそうな自分がいる。日本中が、世界中が混沌《こんとん》としたこの状況の中、しっかりとした気持ちで生きていくのはなかなか大変なことである。

そんな中、5カ月ぶりに開幕した歌舞伎を観《み》に行ってきた。家族のように仲良くしている中村勘九郎、七之助の兄弟が久しぶりに舞台に立つのだ。

歌舞伎座独特の華やかな正面入り口。いつものように楽しそうに、写真を撮り合ったりする人たちは全くいない。入り口で検温をし、手袋をしたスタッフの方からチケットを受け取る。自分自身で半券をちぎり、決められた箱に入れ、ロビーに入る。着物を着てお客様をお迎えする役者の奥様や、身内の方も誰一人いない。そして客席。一つおきに座っているお客様は勿論《もちろん》全員マスクをし、お喋《しゃべ》りは一切しない。劇場全体に流れている緊張と、それでも久しぶりに歌舞伎を観る喜びがあり、かつて味わったことのない不思議な空気に包まれていた。

役者自身のアナウンスが入る。来てくださった御礼と万全の態勢で臨んでいることと、そして全身全霊で努めさせて頂くという言葉が胸をつく。

聞けば、演目は1時間程度の短いものに限定し、幕間は1時間半の休憩をとり、換気と消毒をする。役者も総入れ替えをし、顔を合わせないようにしている。ロビーにいるスタッフさえ楽屋への出入りは禁止。結髪《けっぱつ》さん、お衣装さん、大道具さんも一幕ごとに入れ替えるというのだから徹底している。

ちょーん！　幕が開く。まずは、父である勘三郎さんで何度も観た「棒しばり」。下手から出てきた勘九郎さんの顔を見た瞬間涙が溢《あふ》れた。

舞台に立てる喜びでキラキラと輝いていた。まさに全身全霊で命の煌めきを見せてくれていた。そして、それはその裏で働く多くのスタッフさんの生活を支える笑顔にも繋《つな》がるのだ。

私たち役者の仕事は、決して今必要な仕事ではない。花火職人の方もＴＶで今は必要ではない仕事だからねぇと寂しそうにおっしゃっていた。私自身も今舞台に立つことにかなりの不安はある。が、少しずつ皆で知恵を絞り助け合っていく術を考えなくてはならないのかもしれない。来年は、このセミの声と共に夏を楽しみたいなぁ。

遠くからも分かる幸せな姿

先月、なんと63歳の誕生日を迎えた。中身は全く変わらず、年だけは否応《いやおう》なしに一つずつ積み重なっていく。

そんな誕生日を前夫であるさんまさんと、ここ何年か一緒に祝っている。彼も7月生まれなので一緒に祝ってしまう方が周りも色々と都合が良い。コロナでの自粛もあり、久しぶりに元家族が揃《そろ》うことに。娘の希望で何年も前にやはりみんなで食事をした鉄板焼き屋さんに、家族ぐるみで30年近く付き合いのある御家族も一緒に

値段を聞いたら、
かなり高価なものだった

集まる。久しぶりにみんなで会うことも嬉《うれ》しいし、御祝い事は、する方もされる方も幸せになる。

ましてや、前夫はその場にいる人全員を笑わせなくては気が済まない性分ときている。アクリル板を隔てて、お肉を焼く人にまでギャグを飛ばし笑いを取る。その言葉にまたみんなが爆笑する。笑うみんなの顔を見て、彼もまた幸せそうな顔に。笑いと幸せの連鎖だ。

おいしい食事も終わり、いよいよプレゼントを渡す段になる。一人一人品物を渡し、みんながリアクションをし、その度に写真を撮る。娘から父へのプレゼントは、彼が好きそうなTシャツに、ビーチサンダル。そして「STAY AWAY（近づくな！）」と書かれたお洒落《しゃれ》なマスクだった。

息子からは、かなり大きな包みが渡される。昼間ふらりと、プレゼント買いに行ってくるとは言っていたが、一体何を買ってきたのだろうとやや不安になる。開けてみると、それはそれは立派でお洒落なコーヒーメーカーだった。コーヒーを1日に何杯も飲む彼がそれを持っていないはずがない。あー、どうしよう。すると彼が、「2日前に突然壊れたんや」。みんながまた歓声をあげる。

息子が彼と暮らしたのはたったの4年だった。小学校1年生まで。娘が2歳の時に私たちは離婚した。親がいなければ何もできなかった子供たちがそれぞれ独立し、こんな立派なプレゼントまで買えるようになったことで年月の重さを知る。

私にはお洒落な帽子とペンケース。もったいなくてこれもまた1年は使えないなあ。思い切りの笑顔でみんなが外に出た時、心地よい風が吹いていた。「俺、向こう側に渡って、タクシー拾うわ」。そう言って彼は大きな包みを抱えながら歩道橋を渡って行く。皆で大きな道路のこちら側から見送る。その姿は、遠くから見てもまるでぴょんぴょんと跳びはねているかのように喜びにあふれていた。

お互いに嫌なところばかりに意識がいってしまったこともあった。別れてから28年がたった今もこうして笑顔で逢《あ》えていることの幸せを思う。年を重ねるのはいいことかもしれないとふと思った。

ずっとつながっている

ある日の夕食後、遊びに来ていた娘の友人も交えて、お茶を飲みながらいろいろな話が始まった。最近観《み》た面白い映画やドキュメンタリー、若い世代と話していると、こちらの方が刺激を受け勉強になる。

妹が兄に「お兄ちゃんてさあ、小さい時から怒らないし、いろんなこと知ってるし、おじいちゃんみたいだね。でもなんでそんなに怒らないの？」と質問する。「違う角度から物事を見ればそれほど腹は立たないし、そもそも怒っても仕方ないし」「だからそこを聞きたいの。なんでそうなったの？」

「強いて言えば死生観を持ったってことかなあ」と、意外な答えが返ってきた。小さい時、自分は「死」というものが異常に怖かった。いつ死んでしまうのか？　死んだらどうなるのか？　記憶では4、5歳からずっと考えていたと。

彼が4歳くらいの時のことだ。「大人って言わないで。僕が大人になったら」と、私が言った途端、彼は小さな手で耳を覆い「大人になったら、お母さんはこの世界からいなくなってしまうでしょ？　死んでしまっているでしょ。だから僕は大人になりたくない」と泣いたことがあった。

小学生になって色々な本を読み始め、中学生になると哲学書も読みあさり、自分なりの死生観を持てるようになったという。その一つが覚悟をするということだそうだ。

「いずれ人は死ぬ。だから、おばあちゃんの死も何年も前から覚悟してきたし、おっかさんのことも今から覚悟している。もちろん自分の死も」「でも、そんなだったら楽しくないよね。どうせ死んじゃうんだっていう気持ちにはならないの？」と、妹が質問をする。「いや、ならないよ、100年は生きられないけどギリギリまで楽しく健康でいたいと思ってる。だから一生懸命仕事をするんだよ。自分のためにね、スキルが上がれば、いい仕事ができる。いい仕事ができれば、お金が入る。そこでまた自分ができることが広がってくるでしょ？」

お酒もたばこも髪を染めたりもしない理由はそんなところにあったのか。「いつかチリとなるその日までできるだけ楽しく生きる。じゃあ」と言って部屋に入った息子。

「2歳の時におとうさんを亡くしているからその影響もあるかなあ」と私が言うと「そうだよ、そうに決まってるよ。お兄ちゃんちょっと可哀想」と妹が言った瞬間、息子の部屋から友人とのオンラインゲームで大声で笑う声が聞こえてきた。

「お兄ちゃんダメだねえ、35歳にもなってるのに」。人生は楽しいものだ。どうであれ、充実した人生を送って欲しいと親としては願うのみです。

実はチリになって消えない
とお母さんは思っています

まだまだ恋しい母

母が逝《い》って2年が経った。これからも夏がくる度に思い出すのだろう。セミの声とうだるような暑さと、母の闘っている姿を。

皆でお墓参りに行った時も9月だというのに、日差しは容赦なく照りつけ、水桶《みずおけ》に水を汲《く》みに数十メートル歩くだけで身体がジリジリと音を立てそうだった。父と共に眠っている母のお墓。好きだったお花や和菓子を並べ、手を合わせる。母はここにいるのか？　ここにはいないだろう。もうとっくにあの青い空の彼方《かなた》にいって、私たちを見下ろして言っているだろう。

「まあ、そろって来てくれて、ご苦労様ねー」と。

小さな東屋に座り、おにぎりと卵焼きを出す。姉がお漬物を出してくれる。美しい山々に囲まれ、見上げた空はどこまでも青い。悲しみも寂しさもなく、清々《すがすが》しいくらいだ。「お母さんも連れてきてあげたいねー」とまるで見当違いの言葉が出て皆で笑う。

私たちはまだどうにか人生を続けている。父が亡くなった時に作ったこのお墓に通い続けてもう43年が経った。夫を連れて来るようになり、幼かった子供たちは、いつもピクニック気分で山の中を走り回っていた。

「今日はみんなでお墓参りができてよかったねえ」。その日の夜遅くに妹と電話で話す。と、突然亡くなる5日前のことが蘇《よみがえ》ってきた。8月になって食べることも、飲むことすらできなくなった母は一日中苦しそうにベッドに横になり、気力でトイレに立つことだけしかできなくなっていた。自分自身の体がどうなっているのかを考える体力も残っていなかった。

死戦期。初めて聞く医師からの言葉だった。見ている私たちも辛《つら》く、苦しい時間だった。ある夜のこと、母が起きたいと訴える。妹と2人で左右から体を支え、ゆっくりゆっくり歩きテーブルに座ってもらう。妹は椅子の背に、私は小さな母の足元にクッションを置く。もう慣れたチームプレーだ。

「何か食べてみない?」。私はまるで誕生日ケーキを出すように、食べてもらいたい一心で作っていたスープを小さなカップによそい、ぶどうジュースを出す。一口、ほんの一口ずつ、口にしてくれた。私と妹は泣きながら「お母さんすごい」と拍手をする。もう口をきくことができなくなっていた母は、ペンをくれという仕草《しぐさ》をする。

「気持ちのいい朝です。みんなと一緒にいる幸せな朝です。これから出発です」。真夜中のリビングは母にとって光に包まれた空港ラウンジに変わっていた。お母さんは幸せだったね。幸せに旅立ったんだね。お墓では全く流れなかった涙が、真夜中に突然こぼれてきた。

ババ、頑張ろうね！

友人のお母さんが高齢者向けの介護施設に移ることになった。このコラムにも度々登場している家族ぐるみで30年近くにわたって親しくしている美由紀さんのお母さん。通称、ババ。明るくて90歳を過ぎているのにたばこをスパスパ吸い、演歌が大好きで、本当に楽しい人だ。

私の母とも親しくしてくれて、子供たちを連れて何度も賑《にぎ》やかな旅行もした。子供たちが大きくなってからは、女4人で温泉にも出かけた。

少しずつ、身体が思うように動かなくなっていく2人の母親。「これが最後かもしれないねえ、でも頑張って連れていってあげよう」。美由紀さんはお寿司屋《すしや》さん

おいしかったね、ババ。
また行こうね、絶対に

の女将《おかみ》さんで毎日夜遅くまで仕事をしているが、年に1回は実現したいと頑張ってきた。その度に母たち2人は手を取り合って、「あー、幸せだねえ、また連れてきてもらおうね」と言っていたのを思い出す。

母が少しずつ体調が悪くなった時、ババは、お見舞いに来てくれた。「頑張ってよ、また遊びに行こうね、まだまだおばあちゃんに教えてもらうこといっぱいあるんだからさ」と、大きな声で言って泣いてくれた。少し年上だった母は、ババが来る度に元気になった。ババにはみんなを元気にさせる不思議なパワーがある。

近くに住んでいたのだが足が不自由になり、自立型の施設に入ったのが3年前。それから少しずつ、1人での生活が困難になる。新しい施設に移る前日、近所のしゃぶしゃぶ屋さんへ行く。なかなか会えない間に随分と痩せていたが、優しい家族に囲まれてお肉を5枚も食べた。その度にみんなで喜びの声を上げる。

私が母の車椅子を押していた同じお店で、美由紀さんが同じようにババの車椅子を押し、おトイレに連れて行く。「2年前の私だね」。私たちはそう言って笑った。入所当日、私もホームの玄関までお見送りに行く。ババは少し不安そうな目でスタッフさんを見上げて、「私、今日からここにいるの?」。美由紀さんはしっかりした声で答えた。「はい、そうです、今日からここでお世話になります。お母さん、だから頑張りましょう」。精いっぱいの母親へのエールだった。老いていくこと、それを間近で見なくてはならない家族。それぞれが受け入れながら、最善の方法を探す。そして最後まで幸せでありたい、幸せであって欲しいと願うのだ。

数時間後、車椅子に座ってスタッフさんを見上げている写真が届いた。ババは笑っていた。大丈夫、頑張れる。私は何だかとてつもなくほっとした。

杉村先生からのバトン

新橋演舞場で11月2日に幕が開く「女の一生」の稽古が始まった。名優である杉村春子さんが45年間も演じ続けていらした「布引けい」を私が演じる。

4月に開幕するはずだったチェーホフの「桜の園」が中止になり、味わったことのない喪失感を抱えながら、自粛期間に突入した。11月の公演は？　しかし決定の知らせは来ない。増えてゆく感染者数。何もない夏が過ぎていった。そんな夏の終わりに、やっと届いた上演決定の知らせ。急に背筋がピンと伸びた。誰かに背中をドンと押された気分だった。

そして迎えた稽古初日。出演者の席は一つずつ離されその前と横には、アクリル板がある。食べることは勿論《もちろん》、共有する湯沸かしポットさえも置いていない。置いてある物は消毒液と体温計のみ。稽古中は勿論マスクをつけ、出番が終わったら速やかに帰る。この状況での稽古なのだから、わかっている、わかっていたはずだ。1人でも感染したら芝居はできなくなってしまうのだから。

「女の一生」の初演は、昭和20年の4月だったことを知る。つまり3月の東京大空襲の直《す》ぐ後に、5日間だけの上演だった。空襲警報が鳴ったら、そこで芝居は中断になる。やる方は勿論、観《み》る方も命がけだ。それでも作者である森本薫さんと、主演の杉村春子さんはこの芝居をやりたかったのだろう。何だか泣きそうになってくる。

私は杉村さんが亡くなる数カ月前、テレビドラマの共演でお話しする機会が1度だけあった。今から思えば体調もお悪かっただろうに、とにかくお話ししたくて、いつもすぐ隣に座っていたっけ。

築地小劇場でのこと、空襲警報のこと、セリフをチェックするために一番後ろに刑事が立っていた公演もあったという。杉村さんはあの涼やかな声でこうおっしゃった。「いいわねえ、あなたは。何もかも自由な時代に生まれて。それはそれは大変だったのよ。しっかりおやりなさいね」

杉村先生、今はそれほど自由な世界ではなくなってしまいました。それでも私たちは芝居をやっていきます。先生たちが命がけでおつくりになった芝居を引き継いでいきます。有名になった劇中の台詞《せりふ》「誰が選んでくれたのでもない。自分で選んで歩き出した道ですもの」というのも勿論好きだが、終幕の「これから始まる新しい歴史の中に私の一生もいれていただこうと思うのです」も大好きだ。かつて経験をしたことがないこの状況の中でも、どこまでも希望を持って生きてゆこうと教えてくれるから。

そうだ、九州行こう

最後に旅をしたのはいつだろう。

東京に住んでいる人間も他道府県への移動がしやすくなり、稽古が始まる前にどこかへ行ってみたいなあ……。そんなことをふと思っていたら、「しのぶさん、どこか空いている日を2、3日出してくれませんか?」と友人のちかちゃんからの電話。彼女の旅の誘いはいつも突然だ。そして、私たちの旅に計画という言葉は全く当てはまらない。

初めて一緒に旅をしたのはもう10年以上前だが、山に登りませんかと言われ「行きたい」と何もわからず調子良く答えた私。「じゃあ、靴と寒くない格好だけ用意してください」。待ち合わせは、バリの空港だった。バリで山登り？　そう思ったが、何だか楽しそうだぜ。3千メートルという、初心者にはとんでもない挑戦だったが今でも忘れられない素晴らしい思い出だ。

それから私たちは何度も旅に出た。彼女はヨガの先生や、執筆業もやっているので、仕事といえば仕事でもあるのだが、行き先を決めるのはいつもちかちゃんだ。私はその指令に従うだけだった。2人のこともあれば、息子さんと3人のこともある。

今回は、何と彼女の生まれ故郷でもある北九州だった。

「九州？　わ、わかった」「まだホテルも取っていませんが取りますね、キャハハハ」

3日前にホテルが取れていることも滅多にない。フランスの山あいの街で、その日泊まるホテルを、夕方のカフェでネットで取り、レンタカーのハンドルをちかちゃんが握り、私が必死にナビをする。夜中に到着した小さなホテル。その時は、真っ暗で何も見えなかったが、朝目ざめた時の美しい景色と美しい空気、何もかもが幸福感に包まれていた。

彼女の著書の「奇跡は起きたがっている！」というタイトル通り、一緒にいるといつも奇跡のように楽しいことや素敵なことが巻き起こる。

私たちの共通点は、いつも全てギリギリである。

「1日前から行ってますね」と言うちかちゃんの言葉を信じ、私が九州行きのチケットを取ったのは前日だった。

そして当日。羽田に向かう前に、到着時間だけ知らせておこうと、電話をかけてみると、「あー、しのぶさん、実は今、山口県にいるんです。すごく綺麗《きれい》なところです。だからしのぶさんもぜひ！」

えー?!

（つづく）

2016年に行ったエジプトの旅。
爆笑続きでした

海に臨む元乃隅神社。圧巻でした

あー　松陰様だ！

前日から九州へ入っているちかちゃんの後を追って私も出発することに。が、彼女は今、山口県にいるという。

「でもちかちゃん、私、九州行きのチケット取っちゃったよ」「ごめんなさい。何だか急に山口に行きたくなって。大丈夫です、空港まで迎えに行きます」「わ、わかった」

関門海峡を車で渡れば、すぐに私が到着する北九州空港に着くという。何だかよく分からないけど、とにかくいざ九州へ。その後のことは神のみぞ知るだ。

山口から迎えに来たちかちゃんと息子さんのケンちゃんに無事に逢《あ》え、近くのお料理屋さんへ。新鮮なお魚とお野菜は全て美味《おい》しくて、白いご飯も絶品だった。ケンちゃんにつられてこっちも「お母さん、お代わり」と言いたくなる。

幸せな気持ちで、いざ山口へ。前日、ホテルをネットで予約したちかちゃんだったが、向こうのミスで取れていなかったという。どうぞ特別室にお泊まりくださいと言われた部屋はスイートルームだった。宇部市にあるそのホテルの、どこかの国の大統領と天皇陛下がお泊まりになったというお部屋。窓の外は一面美しい緑。大きなリビングと会議室まである。一体、何の会議をするというのだ、この三人で。

午前0時近く、素晴らしい温泉に入り、温まった身体でロビーを歩き、何げなく、誰もいない真夜中のライブラリーを覗《のぞ》いてみる。綺麗《きれい》に並べられたたくさんの本の中にひときわ輝く一冊の本が目に入った。「吉田松陰遺墨帖」。「あー、松陰様だー」。今度は、私が訳の分からないことを言い始める。分厚い画集のようなその本をありがたく開き始めた。

実は、その2日前に友人から勧められた本で吉田松陰の生き方を読み、すっかり心を奪われていた。隣にいるちかちゃんが「誰ですか」と聞いてくる。「えー、松陰様だよ。松陰様。この人はね、まだ鎖国中だったのに、ペリー艦隊の船に乗ろうとした人なの。日本も外に目を向けなければ、未来は変えることができるって。それからね、投獄されてもねー」

何しろ一昨日読んだばかりなので、まるで松陰様の親戚のおばちゃんのように言葉が出て来て止まらない。「あー、じゃあ、明日は萩に行くってことですね」「松下村塾をお建てになった萩ね。おっけー！」

とにかく旅に出られた喜びと、関門海峡を車でビューンと渡った時の爽快感と、そして何よりも松陰様に会えるという喜びで、今夜は心地よい眠りにつけそうだ。明日のホテルはもちろん決まっていない。が、とにかく、いざ、萩へ。（つづく）

「なんとかなるさ」の旅

いざ萩へ。と、決めたは良いが、勿論《もちろん》ホテルは取っていない。折しも「Go To キャンペーン」の影響でほとんど「空室なし」になっている。仕方ない。前日のこんな夜中だ。「パノラマで、どのお部屋からも美しい海が見えます」。ここ、いいねと気軽に決めてしまう私たち。

翌朝、宇部市のホテルの心地よいラウンジで3人でのんびりと過ごす。萩までは3時間もあれば着く予定だ。

代わる代わる運転しながら、予約したホテルに。期待はしてはいなかったが、果たして期待を裏切られることもなかった。パノラマで海が見えるはずとカーテンを開けるが、目の前に立ちはだかる工場のような建物の向こうに確かに、かすかに海だけが見えた。食事はデザートまでがいっぺんに出され、お刺し身は乾いていた。そしてあいにくの雨。それでも私たちはその状況に笑い通し。

翌朝、たくさんの弟子たちが松陰様の生き方を学び、そこから日本のリーダーを輩出した松下村塾に。過去は変えることはできないが未来は変えられると言った彼の言葉を胸に刻む。感動のまま次の場所、美しい元乃隅《もとのすみ》神社へ。

飛行機の時間は迫っているが、あまりの気持ち良さに3人とも時間を忘れ、はしゃいでいた。ナビを設定すると到着予定は飛行機の出発予定と同じだった。とにかく行くしかない。かなり切羽詰まってはいたが、3人の共通点は「なんとかなるさ」。

その上、ちかちゃんが昨日のホテルにサングラスを忘れたから、取りに行けたらと言っているがさすがに無理だろう。そんなことを思っていると突然ナビが変な方向を指し始める。おかしいね、ちょっと止まって確認しよう、もう間に合わないね。と、車を止めたその瞬間、ティローンと私の携帯に飛行機会社からのメールが届く。

「大変申し訳ございませんが、機体の用意ができず出発時間を1時間遅らせていただきます」。車の中で私たちはまた爆笑する。

ナビで迷ったその場所はホテルからたった3分の場所だった。無事にサングラスを受け取り、ゆっくりと搭乗することができた。ＣＡさんがこの度は大変ご迷惑をおかけいたしましたと頭を下げていらっしゃる。とんでもないです。こちらこそありがとうという言葉をそっと飲み込んだ。

やっぱり旅は面白い。未来は瞬間、瞬間変わってゆくのだ。

「ありがとう」と叫びたい

とにかく幕は上がった。

感染防止策として出来うる全てのことを行いながらの稽古が始まったのは、９月の終わりだった。今年の春からこの世界に入ったＮちゃんが一場面、一場面終わるごとに、シュッシュッと私たちの手に消毒薬を吹き付け、触った小道具もその都度全て消毒する。演劇の仕事を始めようと夢見て入って来た21歳の女の子の最初の仕事が消毒とは誰も想像できなかっただろう。

１カ月に２回、全員が受けたＰＣＲ検査も陰性で、無事に初日を迎えた。パーティは勿論《もちろん》、食事も乾杯すらできない。お客様との面会も、差し入れも、楽屋を華や

千秋楽まで一日、一日
頑張ります

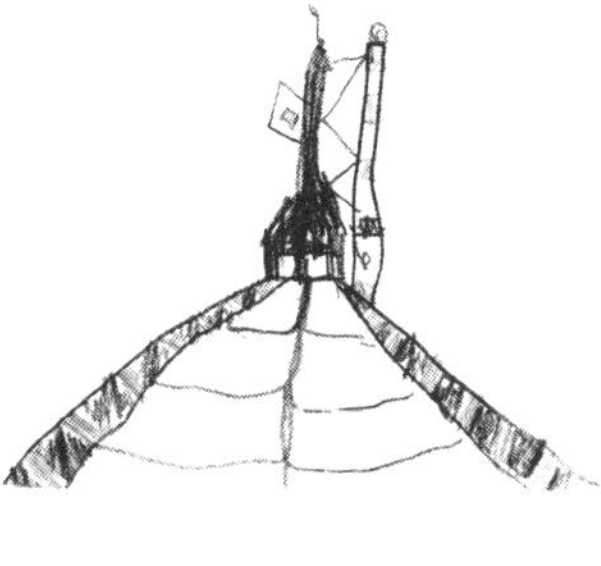

かに彩るお祝い花も、ロビーと楽屋の行き来も全て禁止だ。滞在時間はできるだけ短くということでカーテンコールに出られない人もいる。開演前に何度も流れる場内アナウンスは「マスクの着用」「咳《せき》エチケットのお願い」と「お話をシテクレルナ」。これでもかと流れ続ける。

開演前の、あの劇場全体に溢《あふ》れるワクワク感、ガヤガヤと楽しい話し声は全く無くなってしまった。静まり返った客席、しかも一つずつ空いているので、気持ち的に孤立してしまうだろう。それでも幕が開く。

笑いが来るところもそれほどでもない。「初日だからお客様も緊張しているのかな」とは思ったがそれは違った。本当に集中して観《み》てくださっていることが進むにつれて分かってきた。

幕が下りる。温かく熱い拍手でのカーテンコール。客席をみて愕然《がくぜん》とした。半分に制限しているのだから当たり前のことだけれど、これだけの人数なのに、こんなに熱い拍手だなんて。こんな状況で観てくださったのだと思ったら本当に声に出して「ありがとう」と叫び、一人一人と握手をしたい気持ちでいっぱいだった。

お化粧を落とし、楽屋口でプロデューサーに聞いてみた。「大変なのに、それでもやるのはなぜ」と。「芝居は素晴らしいということを忘れて欲しくないからです。

劇場に来るのはこんなに素晴らしいことなのだということを忘れて欲しくないからです」「そうだね、ほんとにそうだね」

また元の世界に戻るその日まで、劇場の明かりを灯《とも》し続け、芝居をし続けよう。一人でも多くの方たちが劇場に戻ってきてくださるその日まで、万全の態勢で演じ続けよう。今日もまたNちゃんにシュッシュッと消毒してもらい、布引けいを演じます。とにかく良い芝居です。

小さな美しい万華鏡

小さな白い封筒を開くと、美しいビロードの袋の中に青い綺麗《きれい》な万華鏡が入っていた。

贈り主は、山田洋次監督。舞台「女の一生」を観《み》る前に、劇場の近くにある専門店で買って下さったとのこと。お化粧も落とさぬまま、監督のカードを読み、万華鏡の中を覗《のぞ》く。

殺風景な楽屋にある全てのものが、まるで夢の世界に一変する。私は「わあー」

と、小学生のようなはしゃぎ声を上げた。帰宅し、少しばかり緊張しながら電話をかける。「いい芝居だったねえー、芝居らしい芝居だったよ。シェークスピアもいいけれど、こういう日本の古典をきちんとやっていって欲しいなあ」。さっきの緊張感は全く忘れ、私はリビングで、芝居の話や、監督の今撮ってらっしゃる映画の話を、時には共感の叫び声をあげながら、時にはケラケラ笑いながら、また感動のため息を漏らしながら、楽しくおしゃべりをする。

「またね、いつかお逢《あ》いしたいですね」。監督の優しい声と優しい言葉で電話は終わった。豊かな時間を過ごした喜びで自然に笑顔になる。

山田監督との出逢いはもう40年以上前、私が20歳の頃だ。映画「男はつらいよ」の第20作に出演し、私は秋田出身の食堂で働く女の子を演じた。

山田組のカメラの前で芝居することは勿論《もちろん》だが、私にとって監督とお話しするのは何よりも楽しい時間だった。照明やセッティングの待ち時間、私はいつも監督の側に行ってはお話を聞いていた。映画について、戦争について、ユーモアについて、人間の優しさについて。

初めてお食事に連れていってくださったのは、代官山の「レンガ屋」というフランス料理だった。食事の前に「今日、本屋さんでルノワールの画集を見ていたら、

美しい世界がここから広がります

しのぶちゃんそっくりな女の子がいたよ」。

白いエプロンを着けて、ちょっとふっくりした娘が微笑《ほほえ》んでいる素敵な絵のカードを下さった。「いい娘そうでしょう。きっとお手伝いさんだね」。約１５０年前のルノワールの話になる。その夜、楽しかったなぁとお風呂場で自分の顔を見た時の感覚を私は今でもハッキリと思い出すことが出来る。「私、今、いい顔してる！豊かな時間を過ごすと、ヒトの顔って変わるんだ。楽しいことしていっぱい勉強しようっと」

20歳の時に監督に教えて頂いたことです。そして、いまだに、今日も……。

アテネ五輪の平和の鈴

普段あまり開けることのない引き出しを開けると、コロンと涼やかな音がした。私が勝手にネーミングした「平和の鈴」だ。金色で少し重みのあるそれは、今から16年前のアテネ・オリンピックでの開会式で観客全員に配られたものだった。

レギュラー出演しているバラエティー番組で、オリンピックのメインキャスター

またこの鈴の音が
世界に響き渡りますように

を任されている中居正広さんを応援しに行くという何とも贅沢《ぜいたく》な企画だった。私は当時舞台の稽古中で、到底無理だろうと諦めてはいたが、1泊3日の弾丸なら稽古休みを利用して、何とかいけそうなことがわかった。

オリンピックの開会式なんてこれから先、いつ観《み》ることができるかわからない。しかも場所はオリンピック発祥の地、アテネだ。こんなチャンスは逃してはいけない。見られるのは開会式と柔道のみだったが、あの雰囲気を経験できたことは大きな財産になった。

なぜ平和の鈴なのか。何万人もの人々が詰めかけた開会式のスタジアム。その椅子におかれていたのがこの鈴だった。何かの記念品なのかなあと手に取りながら素晴らしいセレモニーに心を奪われていた。ここからは私の記憶の中での開会式なので少し違っているかもしれません。

会場に湖が現れる。ダンサーが踊る。その上を天使がゆっくりと歩いている。美しい音楽とカラフルな衣装の古代ギリシャの人たちのパレード。古代オリンピックの誕生だ。

式典が進んで、やがて一人のランナーが旗をかかげ、いきいきとトラックを走り始めた。年号と開催地が大きく読み上げられる。「1896、アテネ」、「1900、パリ」。大会の名が読まれるたびに、白いテープを切って走り続ける。そして突然、転倒する。1916年ベルリン大会中止。「World War 1」。大きな声でアナウンスが響く。観客席にいる私たちはドキンとする。第一次世界大戦だ。

息を整えて再び走り出すランナー。「1936、ベルリン」。ランナーは旗をおろし、もう一度立ち止まる。1940年東京大会、そして1944年、ロンドン大会中止。第二次世界大戦だ。こうして開会式で、全ての歴史が表現された。

合図を告げられ、私たち観客は小さな鈴を一斉に鳴らし始めた。小さな音色が大きな美しい音になり、会場に鳴り渡る。「平和の音」。平和でなければ鳴らない音。今年はその鈴を鳴らすことが出来なかった。そして来年は？　今は誰にもわからない。

けいちゃん、またね

感染者数が日々増えていった11月、その中で幕を開けた舞台「女の一生」が26日無事千秋楽を迎えた。

徹底した感染予防のため、1カ月間マスクを付けての稽古をし、本番が始まっても楽屋の行き来はなるべく避け、出番の終わった人は速やかに劇場を去らなくてはならない状況だった。それでも私は毎朝、暖簾《のれん》越しにみんなの楽屋に「おはよう」と声をかけて回っていたっけ。たった数秒の朝の触れ合い。でも舞台上でいきなり会うより数倍、心は密になれる。

そんな中で迎えた千秋楽。出演者全員でカーテンコールに立つ許可が出た。やっと、やっとみんなでお客様にお礼が言える。

この状況の中でも来てくださったお客様が、1カ月やり終えた私たちに、それはそれは温かい拍手をくださる。全員が立ち上がって拍手をしてくださる。風間杜夫さんも、お母さん役の銀粉蝶さんも、娘役の宮澤エマさんもみんなが泣いていた。お客様には勿論《もちろん》だが、私は後ろを向いて、そっとスタッフにも拍手を送った。安全に、感染者を出すことなく無事に公演が終えられたのは、やはりスタッフさんあってのことだ。「ありがとう」と心で呟《つぶや》く。

こうして、突っ走ってきた「女の一生」の舞台の幕が降りた。

警戒警報が鳴ったら一度芝居をストップして、また再開させたというこの芝居の初演と状況が重なる。私自身この1カ月公演で得たもの、今だからこそ、わかった

ことがある。純粋に、ただひたすら純粋に、芝居を届けたいという想《おも》いだ。この時間を私は一生忘れることはないだろう。

　翌朝。いつも千秋楽の次の朝は身体が重く、ベッドから起き上がれなくなる。もちろん2カ月間の肉体の疲労はあるのだが、それと同時に、私の身体に潜んでいた役の人物が抜けていくのを感じる不思議な感覚になる。うまく言えないが、幽体離脱のような感覚に陥る。

「またまた、さすが女優。思い込みが激しいねー」と言われてしまえば、それまでだが、激しい芝居をすればするほどそれがはっきり分かる。「欲望という名の電車」のブランチも、「地獄のオルフェウス」のレイディも、もちろん「ピアフ」の時もそうだった。

　明治大正昭和と、時代に翻弄《ほんろう》されながらも必死に生きた布引けいが、私の細胞一つひとつから抜けて、上に上がっていく。私は少しだけ悲しい気持ちになりながら、けいちゃんにサヨナラを告げていく。また会いたいな。この心と身体に。

「布引けい」という強く嫋《たお》やかな人間をまた演じることが出来る日まで、さよなら、けいちゃん。

寂しくても、辛くても

舞台「女の一生」で、私の着物を着せてくれた衣裳《いしょう》のミカちゃん。初めて会ったのは「太鼓叩いて笛ふいて」という舞台だったから、もう15年近くになる。その後も着物を着る芝居の度に、何度もお世話になっている大事な大事なスタッフさんである。

早変わりの時のミカちゃんは男らしい。次の場までの数秒の間に着物を脱がせ、襦袢《じゅばん》を変え、帯をキリリと締めてくれる。見ていても締め上げられる私も気持ちが良いくらいだ。

コロナで楽屋への行き来を最小限にしなくてはいけなかったので、話ができるのは、楽屋で着替える数分だけだ。「さあ、今日も頑張りましょう」。終演後も「はい、今日もよく頑張りました」。ずっと年下なのに、なんだかいつもホッとする。

そんなミカちゃんはお父様との二人暮らし。すぐ近くに住んでいるおばさんが入院してしまって、おじさんが一人になってしまったと言う。

ミカちゃんが毎朝訪ねると、おじさんがお味噌汁《みそしる》を作っている。夫婦共働きだったので、昔から朝のお味噌汁はおじさんの仕事だ。具は必ず、ジャガイモに人参《にんじん》に玉ねぎ。「おー、カレーができちゃうね」とミカちゃんは笑って言う。おじさんは昨日も今日も、お玉でお味噌汁をかき混ぜながら「何だかなぁ、寂しいなぁ」とこぼす。夜も8時過ぎには布団に入るそうだ。起きていると寂しいからと言って、眠ってしまう。

甘いものが大好きだというおじさんに、頂いたクッキーやケーキをおすそ分けで持っていってもらったら、大変な達筆でお手紙を下さった。「九州出身の私にとっては、会おうにも会えないお方。そんなお人とミカが仲良くしていただいているなんて、これからも我々凡人に喜びを与えてください」と、こちらが恐縮してしまうようなお手紙だった。

誰だって年を取る。状況は変わってくる。ご夫婦で手芸用品店を営んでいらしたおじさんは、おばさんに会うこともできず、一人毎日お味噌汁を作っている。みんな寂しくても辛《つら》くても生きていかなくてはならない。このコロナで状況が一変してしまった人も沢山《たくさん》いるだろう。その中に少しでもポッと光を差し込むことができるのは、やはり人の温《ぬく》もりだ。姪《めい》っ子の「おはよう、おじちゃん」の一声があるから生きていけるのだ。楽しみをみつけられるのだ。

私があげたTシャツ。おじちゃんに着せてあげたらぴったりでしたと、写真の中で笑ってるおじさんに「頑張れ、頑張れ」と思わず呼びかけ、楽屋で泣きそうになってしまった。早く早く元の世界に戻って欲しいなあ。お二人が早く一緒にお味噌汁が食べられますように。

よい年になりますように

今、芝居が必要なのかと問われれば、必ずしも「こんなときだからこそ」とは言えない自分がいる。それでも来月8日に幕が開く舞台「フェードル」の稽古に追われている。もちろんスタッフも含めて全員がＰＣＲ検査を受け感染対策もしっかりしての稽古場であるが。

ギリシャ悲劇をモチーフに、フランスの作家ジャン・ラシーヌが書いた古典劇。台詞《せりふ》も美しくストーリーもスピード感にあふれ、破壊的な激情のシーンが続く。3年前の初演時はスポーツの試合に臨むような気持ちで毎回舞台に立っていた。何しろ神々が支配しているのだから、そのパワーは半端ではない。

愛の女神ヴィーナスに矢を射られ、義理の息子を好きになってしまうフェードル。

告白するシーン一つとっても、「あー、もうわかっているくせに、好きなのおお」と大声で叫び相手に訴える。愛も憎しみも悲しみも100倍のエネルギーで炸《さく》裂《れつ》させる。初めてギリシャ悲劇を演《や》った時は、これが演劇の原点なのだと身体で理解した。

稽古場でその世界に入っている時は楽しくて、何もかも忘れる。絶望の台詞を言いながらでさえも、幸福感に包まれる。こんな状況でも幕を開けると決めた私たち。そして、そんな状況でも劇場に足を運ぶことを決心してくださったお客様がいる限り、良い芝居を届けたいと心から思う。だが家に帰り、ニュースを見ると現実を思い知る。

特に医療従事者の方々の働いている様子を見ると本当に、大変な状況であることがわかる。家族と離れて暮らしている方もいれば、「家族以外の人とは、3月から会っていない。当然でしょう」と毅《き》然《ぜん》と答える若い看護師さんもいる。命がけで沢《たく》山《さん》の方の命を救っているその方たちには、「Go To トラベル」は関係ない。そして発覚したこの国のリーダーの8人での会食。やはり何かがおかしい。

私は芝居を届けるのが仕事である。それに携わる多くのスタッフさんたちの生活もかかっている。みんな必死でこの困難を乗り越えようとしている。そんな今年がもうすぐ終わろうとしている今だが、明日はどうなるかわからない。けれども私は、明日も愛し、憎み、悲しみ、絶望しながら演劇の喜びに浸るだろう。幕が開くことを信じて今日を生きるだろう。

何も考えず、芝居が出来ることがどれだけ幸せなことだったのかが、よくわかった一年が終わる。２０２１年、良い年にしてゆきたいです。

私の力の及ぶことは

この原稿を書いているのは1月7日の朝。今日、緊急事態宣言が発出されることになっている朝。昨年、春の緊急事態宣言とどのような違いがあるのか。そして私は、8日に幕が開く「フェードル」の舞台稽古に行く朝だ。

冬だというのになんだか日差しも暖かく、美しい今日の空。この空の下で多くの人たちが、一体どんな思いで生きているのだろう。医療従事者の方々のいつ終わるか分からない闘いの日々、各種の手続きに毎日大勢の人が訪れているであろう保健所や、役所の窓口で対応に追われる人たち。私はそんな中、ギリシャ悲劇の世界に浸りにゆくのだ。

今、芝居が本当に必要なのかと聞かれれば、分からないと答えるだろう。昨年の最後のコラムでも同じことを書いたが、つまりずっとその想《おも》いを抱いたまま芝居を続けているのが正直な気持ちだ。

ニュースでは、30年間映像を作る仕事をしていた60代の男性が大晦日《おおみそか》にアパートを追い出されてしまった映像が流れていた。40代で所持金4円の男性は昨春にリストラされ貯金がなくなってから野宿を始めたという。別れて住む娘さんに知られたくないからと、生活保護は受けないという男性もいた。そんな中で私は、愛や憎しみ悲しみ、怒りを爆発させる人間を演じる。芝居に打ち込む。誰のために？こんな状況でも芝居を観《み》たいというお客様のために。果たしてそれは正しいのか。

先日、母の担当医であった先生が、最近お書きになったエッセーを送ってくださった。在宅ケアをしている先生は日々沢山《たくさん》の患者さんをみておられる。その患者さんのどんな小さなニーズや隠されている願いにも応えてあげたいと常々おっしゃっている。そして『世には我々の力の及ぶものと及ばないものとがある』。ヒルティの幸福論を引用して書かれていた言葉。

ケアチームが大小のあらゆるニーズを見つけ、小さな願いを満たし続けること。

それが我々の力及ぶことなのではないかと。

父の本棚にいつもあった懐かしいヒルティの言葉。そうだ、私にできることは芝居をすることだ。それが私の仕事であり、生きることである。が、ここまで書いているうちに事態は変わった。劇場も時短の対象になり、収容人数も半分になりそうだ。全てを仕切り直さなければならない。

及ぶこと、及ばざること。

つまり、今何が大事なのかをきちんと識別しなければならない。及ばざることを無理して通しても幸福にはなれない。できることを一日、一日やっていこう。いつ開けるか分からぬ初日のために、今日も稽古をしていこう。

前に進むしかない

幕が上がった。とにかく幕は上がった。

８日が初日のはずだった舞台「フェードル」。絶対に感染はできないし、幕は開くのかどうか、落ち着かないまま２０２１年を迎え、劇場入りした。増えていく感染者数、毎日変わっていく状況、それでも私たちは劇場に入り、稽古に集中する。7日、稽古前に主催者側から話があるということで、スタッフ、キャストが不安な顔のまま客席に座る。初日は、10日に。客席は半分にし、夜も8時前に終わるよう開演時間を繰り上げる。全てのチケットは、払い戻しをするということだった。

小さな声で質問をする。「それでも幕を上げるというのは、なぜですか？ 政府が全ての補償をしてくれたら、幕は上げませんか？」となんだか小学生のような質問をする。

「いいえ、それでも芝居が観《み》たいというお客様がいらっしゃるのであれば万全の策をとって幕を上げるということです」。私たちは覚悟をする。今このときだから演劇が必要とは思ってはいない。それが私の仕事だからである。それだけだ。美味《おい》しい食事をお出しして喜んでもらうレストランの方々と同じなのだ。

幕が開く。約350年前の言葉で、エネルギーをぶつけ合う。愛、憎しみ、怒り、悲しみを正直に心の思うままに叫び合う。とてつもないエネルギーが役者の身体から迸《ほとばし》り、固唾《かたず》をのんで観てくださるお客様へと伝わっていく。大きなうねりが起こり、劇場全体をのみ込んでいく。演劇がそこにあった。

そして最後の台詞《せりふ》が終わり、暗転。カーテンコールに立った私たちに大きな温かい拍手をくださるお客様。来て下さってありがとうと私たちは何度も頭を下げる。そんな毎日が今日まで続いている。一回一回、まるで千秋楽のような気持ちで舞台に立つ。

次の日、身体のメンテナンスの後、お洋服屋さんへちょっと入ってみた。店内には誰もいない。かなり人気のあるショップであるにもかかわらず。近くのお店もがらんとしていて閉めているところもあるようだ。

「8時までやるんですか?」。店員さんに聞いてみた。「はい、うちの社長は止まっちゃいけないって考えなんで、変わらずやってゆきます」「そうですね、前に進むしかないですよね」。私がそう言うと「あー、全く同じこと言ってました。前に進むしかないって」。

雪が降りそうな寒い道を少しだけ明るい気持ちで家路についた。現状を受け入れ、進む道を探しながら歩いていこう。少なくとも、明日はまた芝居ができるのだから。

可愛い声の主は

私の友人は、とある会社でとある相談係をしています。基本的に電話での対応ですが、たまに実際に会って話をすることもあるそうです。彼女は私よりちょっと年下の60歳（年下なのに60歳なんて～）。何度か電話での対応をしていた50代の男性。相談以外でも何度も電話をかけてくるようになり、ちょっと困っていたところ、ある日、その男性が会社に直接やってきた。

対応した私の友人。開口一番その男性が、「あの。○さんに会いたいのですが」「はい、私です。△さんですね」「えっ？　あなたが○さん？　ほんとに？　本当に○さん？」

年の割には若く可愛い声をしているので、すっかり30代の素敵《すてき》な女性を想像してきた△さん。失礼な話だが明らかにかなりガッカリした表情だったという。挙げ句の果てに言った言葉が「疲れてるんだね、頑張って」。本当に酷《ひど》いよねと友人はケラケラ笑っていた。彼女は優しく、真面目で本当に可愛い人である。

きっと声を聞いているうちに会いたくなってしまったのだろう。そしてわたしも似たような経験が。

何年かやっていたラジオ番組で、55歳になった私に「ＧＯＧＯしのぶ」というテーマでメッセージをくださいと呼びかけたところ、中学生の男子から届いたメッセージ。「しのぶさん、こんばんは。この番組、楽しくてずーっと聴いていました。今日本当に驚きました。し、し、しのぶさんが55歳だなんて」。それだけだった。「ひえ〜、ごめんなさい。そうなんです、私は55歳だよ〜ん」と笑って答えたっけ。

声というのは不思議なものだ。その人を、その心を想像することが出来る。そして、実は真実が見えてくるものではないかとも思う。

娘が留学していた高校生の頃。私は彼女の声を聞いて精神状態を見極めていた。スカイプを使って表情が見える時は、逆に元気に見せてるのかなと探ってしまう。実はとっても寂しいのではとか、学校やホームステイ先で何かあったのではとか、声を聞くだけの方がその心が見えるような気がしていた。

その50代の男性にしても優しくかけてくれるその言葉が真実だから、会いたくなってしまったのだろう。逆に嘘《うそ》の声はすぐわかる。

もうこれから敢《あ》えて低い声で喋《しゃべ》ろうかなぁと言う友人に、そしたらどんどん年取って、気持ちもおばあさんになっちゃうよ。がっかりされようが、せめて声だけでも可愛く楽しくいこう。そうだね、そうしよう。元気良くね。と、おばさん二人は誓い合った。

ラジオの収録で。
楽しい声をお届けします

未来へ向かう連獅子

二人の姿に魅せられた。美しく、凛々《りり》しく、神聖でさえあるその姿に。2月大歌舞伎、十七世中村勘三郎三十三回忌追善「連獅子」の初日。中村勘九郎と長男勘太郎が初めて踊る連獅子である。親獅子が千尋の谷に子獅子を突き落とし駆け上がった獅子だけを育てるという舞。紅白の毛を前に後ろに振り、最後はその重い毛を何度も何度も振り回し、観客からの熱い拍手喝采を受ける、あの有名な狂言である。

私の友人の勘三郎さんも父と、そして二人の息子である勘九郎、七之助とも何度もやって受け継がれてきたものである連獅子。それをまだ9歳の勘太郎が演じる日が来るなんて。昨年、公演が決まった知らせを受け、地方公演の合間で、初日だけ空いている偶然に狂喜乱舞し、この日を待っていた。数日前から落ち着かず、とにかく「フレー、フレー」とエールをみんなに送っていた。そして当日。緊張と、喜びと期待に胸膨らませ、開演を待つ。

幕が上がる。花道から手獅子を手に、勘九郎が出てくる。そして続いてその気合、美しさ、凛々しさに、引けを取らない勘太郎が。親獅子に突き落とされ、花道を後ろ向きに走る時も素晴らしかった。落とされて花道に座り込む様も、再び親獅子のもとで一緒に舞う時も、ドンドンと足を鳴らす音も、目線の美しさも、手の伸ばし方も、全てが美しく感動的である。

それは、こんな小さい子が何て一生懸命に、などという甘っちょろいものではない、あの小さかったなおちゃんがこんなに立派になったなんてという親心的なものでもない。中村勘太郎という美しい歌舞伎役者がそこにいるという感動だ。

与えられた役を精一杯《せいいっぱい》演じている役者がいた。上手《うま》く見せようとか、叱られないようにとかではなく、何も考えず、何の邪心もなく一心不乱に踊っている勘太郎がいた。いつも聴いているお囃子《はやし》の太鼓や笛、鼓の音も清らかさを増し、劇場全体が美しく神聖な空気に包まれる。この感動はなんだろう。

そのもう一つの理由は、親獅子を舞う勘九郎であろう。その厳しい顔の中に愛が溢《あふ》れ、今これを書きながらも思い出して泣きそうになってくる。獅子の愛。そして歌舞伎役者としての父の愛だ。去年の春の自粛期間中から、彼らがこの連獅子の練習をしていたことは知っていた。その積み重ねからの今日があるのだ。一つひとつ父から子に受け継がれてきた芸を今見ることができた。過去からの伝承であり、そこには美しく明るい未来が見え、希望が見えた。未来に向かってゆくんだ。人は皆、未来に向かって進むのだ。

母を想い、私らしく

突然、母を想《おも》い、鼻の奥がつんとなる。決まってお風呂のお掃除をしている時だ。つまり毎日、同じシチュエーションで母を想い、ややもすると泣きそうになりながら、お風呂掃除をしている私がいる。

きっかけは、ある日のこと。お風呂から上がり、いつものように簡単にサッサッと浴槽を洗い流し、身体を曲げその底をキュッキュッと拭きながら、いつかこんな風に掃除をしたり出来なくなる日がくるのかなとふと思った。母は一体いつまでお風呂掃除をしていただろうかと考えた途端、なんだか急に悲しくなった。

母がいつから自分の部屋の掃除ができなくなったかを考える。いつから食事を作ることができなくなっただろう。いつから買い物に行けなくなったのか？　いつからお茶を入れることさえできなくなったのか？　次々にできなくなることが増えていった母を思い出す。と同時に、それでもなお自分のできる小さなことを見つけ、必死に生きていた母を思い出した。

それからは、家事をする度になぜか母が浮かぶようになった。

夕食の片付けを終え、キッチンを拭きながらひと想い。洗濯物を広げながらまたひと想い。朝起きて割烹着《かつぽうぎ》をつけ一日中、家事をして動き回っていた綺麗《きれい》好きな母を想い、自分も頑張ってみようと、シンクを洗いながら密《ひそ》かに誓う。そんなことをしばらく続けていたら、それが一日の終わりの喜びになっている自分に気づく。ちょっと面倒だなと思う時は母を想い、頑張りがきく自分がいる。いまだに私に教育してくれているのかと思うとなんだか小さく笑ってみたくなる。「はい、お母さん。今日も一日が終わりました」と報告したくなってくる。

私の子供たちは、私がいなくなったその日々に、一体どんな姿を思い出すのだろうか。バタバタと忙しく動き回りながら仕事に出かける私だろうか。ボサボサの髪と寝ぼけた顔で朝食を作る私だろうか。クリスマスや誕生日で楽しそうに食事を作る私だろうか。私のおにぎりの味を覚えてくれているだろうか。でもそんなことは、実は知ったこっちゃないことなのだ。私らしく、必死に生きればいいことだ。それを子供たちは見ているだけだ。

愛犬バルーを抱いた私と姉(真ん中)、
妹、母との一枚

一生懸命仕事をし、楽しい時間を作っていこう。母がそうであったように一日一日をきちんと生きていこう。と、そんなことを思いながら36にもなる息子の朝食を作る私がいる。そんなところも母譲りだ。

仕事に出かける時に持たせてくれた小さなおにぎりの味を私はちゃんと覚えています、お母さん。

何のために選ぶの？

なんとも言えぬ交代劇があった。東京五輪・パラリンピック大会組織委会長の森喜朗元首相が、失言のために辞任に追い込まれた。後任に森会長から指名され、自宅前の会見に応じたのが川淵三郎氏。「いやいや最後の大仕事ですよ。年をとってるから大丈夫かと言われると腹が立つ」と嬉《うれ》しそうにお話しされていたのが一夜明け、急遽《きゅうきょ》辞退する展開に。その理由が、森さんが独自に事を運んだためで、透明性をもって皆で決定しなければならなかったから。バレさえしなければ大丈夫だと思ったのだろうか？

森さんは昔から失言が多かった。問題の発言の時も周りは笑っていたのではないだろうか。そこに大きな問題があるような気がしてならない。

もう40年以上も前のこと。17歳の私は、無名の女子高校生だった。NHKの朝のドラマのオーディションを受け、ほぼ内定していた。後は記者発表を待つばかり。NHKの人が「その日にお披露目することになりますから、絶対に他人に言ってはいけません。マスコミがすっぱぬこうとして色々嗅ぎ回っていますが、いいですね、絶対にとぼけてください」と、かなり厳しく言われた芸能界を全く知らない私たち家族。

と、その夜、とある新聞社から一本の電話が。応じたのは父だった。「絶対に、絶対にまだ言わないでね」と私。「分かってる」と嘘《うそ》をつくのが大嫌いな父が答える。そして案の定、最初のうちは「うーん、よくは分かりませんが」と言葉を濁していたものの、そのうち面倒になってきたのか「そうですね、ご想像にお任せします」と答えてしまった。

あの時の衝撃。

「お父さん、なんで。そんな答えしたら、もう私ですと答えたのと同じじゃん。これでダメになっちゃったら、どうするの、お父さんのせいだよ」と珍しく大好きな

ヒロインに 大竹 しのぶ

NHK朝の連続テレビドラマ

水色の時

1974年12月10日、朝日新聞夕刊から

父に向かって、大きな声で泣いて怒った。母もため息をつきながら「私が出ればよかったわ」と沈み込む。私は怖くてエンエンと泣き続ける。すると父が「そんな下らない理由で、降ろされるようなものは、やらなくていい」と怒った。

最初はその言葉を理解しようとは思わず、泣きやむこともできなかったが、はたと気づいた。

そうだ、私は、私自身がいいと思われて選ばれたのだ。マスコミにバレてしまったのでヒロインになれません。それで降ろされるなら、それはそれで、仕方がない。何だか、胸がスーッとしたあの日の夜。もちろん私は無事にヒロインを演じることができました。

誰のためのオリンピックで、何のためにするのか。それには誰がリーダーになるべきなのか。それを今ごろ、話している日本。ちょっとお粗末すぎないだろうか。

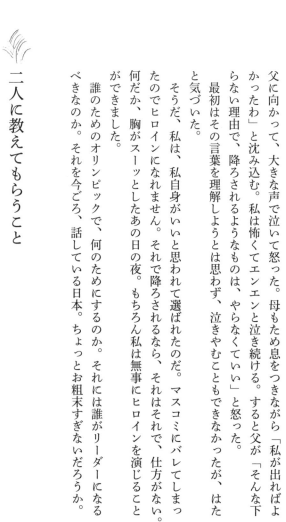

二人に教えてもらうこと

またまた中村屋のお話。2月2日に幕を開けた歌舞伎座「十七世中村勘三郎三十三回忌追善狂言」で、孫である中村勘九郎さんと、その長男の勘太郎くんとの感動的な連獅子のことをこのコラムに書いたのは初日を観《み》たすぐ後のこと。

それから約1カ月続いたその公演は連獅子のほかに勘太郎くんの弟、7歳の長三郎くんが、女形としておじである七之助さんと共演していました。目が見えないお母さんの手をひいて花道から登場し、約1時間半出ずっぱりでセリフもたくさんある、それはそれは大きな役で、私はその演目でも泣きっぱなしでした。

すっかり親戚のおばちゃん状態の私。あの感動をもう一度味わいたくて、千秋楽の前日、再び二人の雄姿を観に行くことに。まずのりちゃん（長三郎）が花道から登場。手拭いで頭を覆い杖を突くお母さんをしっかりと導いています。小さなのりちゃんが前を歩き、手を引きながら、お母さんの顔を心配そうに見上げ……。それだけでも大変なのに、そのお母さんを見上げる目が初日と全く違っていたのです。

母を演じるタカちゃん（七之助）にそのことを言うと、「さすが、たけばぁ、わかった？」（彼らは私をたけばぁと呼びます）。「うん、全く違う。お母さんに対する気持ちが全ての動きに現れていてびっくりしたの」。するとタカちゃんがこんな話をしてくれました。

二人は楽屋も一緒で、のりちゃんのお世話はタカちゃんがしています。ある日の出番前、誰が教えたわけでもないのに、タカちゃんが白粉を塗ろうとするとその手にパフを、揚げ幕の前で手拭いを被《かぶ》ろうとするとその手に手拭いを、杖をお弟子さんが渡そうとすると、自分が渡すと言って、毎日毎日、その役と同じようにお母さんの面倒を見るようになったというのです。「誰も教えてないんだよ。役に入って、ではないところがおかしいんだけどね『ほい！　はい！　ん！』とこんな調子なんだけど、誰にも触れさせないの」

舞台上で見る二人の姿は明らかに違っていました。お互いを思う気持ちが何も言わなくとも伝わってくる美しい親子でした。もちろん私はハラハラと涙を流し、そして連獅子でまたまた号泣。立派に務めていたのは言うまでもありませんが、なおちゃん（勘太郎）が初日に言った忘れられない言葉がよみがえったのです。「ねえ何で、初日と楽日って言うの？　他の日が可哀想だよね、毎日毎日、同じように一生懸命やらなくちゃいけないのにね」。幼いけれど、立派な二人の役者に私はこれからも色々教えてもらうことになるのだろうな。

思いよ、届け

東日本大震災から10年が経った。もう10年、まだ10年。どちらとも言えない。が、被災した方たちの時間の流れ方と、そうでない者との10年では明らかに違うだろう。あの日の映像を観《み》ながら被災者の方はどんな想《おも》いで11日を迎えるのだろうと思う数日間だった。

そんなある日、さだまさしさんがテレビで「いのちの理由」(詞・曲＝さだまさし)を歌っていた。《私が生まれてきた訳は》と優しいメロディーで始まるこの歌。ひとつ一つの言葉が、さださんの思いとともに聴く者の心に染み込んでくる。《しあわせになるために　誰もが生まれてきたんだよ》《私が生まれてきた訳は愛しいあなたを護るため》

知らない間に私の顔は涙でぐちゃぐちゃだった。

あるドキュメンタリーで観た、「何にも終わっちゃいないんだ」と言った故郷に帰れない30代の同級生3人の辛《つら》そうな顔が浮かぶ。「ずっとイジメられてきました」と話す小学校1年生の時に避難してきた高校生もいた。福島に帰れることを信じて亡くなったおばあちゃん、帰れなくなった故郷の空を見つめている60代の男性の顔が浮かぶ。そのみんなの心が、さださんの歌で少しでも救われますようにと祈る。

60歳を前にした時、さださんは少しだけ歌うのをお休みしようかと考えたことがあったそうだ。その時に起こった東日本大震災。彼はまた歌い続けることを決意した。それまでもそうであったように、いやそれ以上に精力的にコンサートを開き、ギター一本でたくさんの被災地も回っておられた。東ニ病気ノコドモアレバ……西ニツカレタ母アレバ……。宮沢賢治の「雨ニモマケズ」に出てくる人のようだ。

2015年、さださんは「風に立つライオン基金」という公益財団法人を立ち上げ、様々な活動をしている。本当に本当に凄《すご》い方だ。20年の間、8月6日に「夏・長崎から」と言う無料のコンサートも行っていた。何万もの人たちが彼の歌を聞きに稲佐山に登ってくる姿を見ながら、さださんが生きてきた答えがここにあるんだと強く感動したことがある。

感じ、考えることは誰にでもできる。しかし彼はそれを実行し、本当に自分自身の喜びとして、あらゆることを実現させているのだ。

「どうぞお元気で!」。さださんが、何十年もの間、コンサートの時に必ず言う言

さださんのコンサート会場で。
大好きです

葉。軽やかだけれど、ズシーンとくるこの言葉。元気でいるのは難しいと知る、今この時代。でも、さださんの歌を聴きながら、泣きながら心の中で一緒に叫ぶ。「元気でいてください」と。「明日は元気でありますように」と。

美しき天才2人にブラボー！

何と言う美しさだろう。

神様は、才能を与えられた者たちに、祝福までも贈ってくださった。「佐渡裕／反田恭平ｗｉｔｈジャパン・ナショナル・オーケストラ特別編成」のツアー最終日に行くことができ、その奇跡ともいえる瞬間を私はこの目で見ることができたのだ。

この状況であるにもかかわらず、大ホールは2千人のお客様が集まっていた。

あの世界的指揮者の佐渡裕さんと、今、最もチケットが取れないと言われる26歳のピアニストの組み合わせだ。きっと素敵なコンサートだろうなあという思いはあった。が、私はそれほどクラシックに詳しい方ではない。一体、どんな感じなんだろう。

まず、オーケストラのメンバーが舞台に上がってくる。若い。ほとんどが20代に見える。反田さんが一人ひとりに声をかけて創設したオーケストラで、当初からのメンバーもたくさんいらっしゃるからだろう。

ラフマニノフの難解で壮大な狂詩曲が始まった。何？　この楽しい感じは？　まるでディズニーランドのアトラクションに乗っているような気持ちになる。凄《すご》いスピードで急降下したかと思うと、優しく静寂な場所に連れていってくれたり、夢のような世界が広がる。

ロックコンサートのように身体が動き、叫び出したくもなってくる。ひとつひとつの音が心地よく刺激的に私の脳内を駆け巡る。そして舞台には、子供のように、自由に楽しく音楽を操る2人の天才がいた。

後半は、プロコフィエフのピアノ協奏曲。これもかなりのエネルギーが必要とされる曲だ。全てが美しい。カスタネットの音がこんなにも素敵だなんて、反田さんの音と音との間《ま》が、全ての音が、佐渡さんの呼吸が、そこに一緒についてゆきたいというオーケストラの方の思いが一つになって伝わってくる。

音楽ってなんて素晴らしいんだと心から思い、涙がつーっと頰《ほお》を伝う。割れんばかりの拍手。拍手、拍手。

佐渡さん（左）、反田さんと、
兵庫県立芸術文化センターで
Ⓒ Jun Yoshimura

アンコールで初めて反田さんがソロで弾きはじめる。崇高でさえあるその音に、私たち一人一人が神様からの祝福を受けたような気持ちになってくる。スタンディングオベーション。

佐渡さんが嬉《うれ》しそうに、オケの方に立つように促すが、誰も立とうとしない。もう一度佐渡さんが、立ってとおっしゃる。すると突然、全員で楽譜の裏に隠していた画用紙に一文字ずつ書かれた文字を掲げた。「佐渡さん、反田さん、ブラボー！　皆さんありがとう」。みんな泣いていた。そこにいたみんなが泣いていた。世界中がこの美しい音楽であふれる日が、早く来ますように。美しいこの日のことを、私は一生忘れないだろう。

あとがきにかえて

　そのドーナツがどうしても欲しかった。

　片面全体にはチョコレートが塗られ、ふんわりと柔らかい15円のチョコドーナツ。

「あっこちゃんの家に行って、卵を買ってきてちょうだい」

　日曜の朝、母が私にお使いを頼む。あっこちゃんというのは、食料や生活用品を備えたいわゆる何でも屋さんの小さなスーパーのお嬢さんのことだ。姉と同級生で、私たちはみんなそのはまや商店を、あっこちゃんちと呼んでいた。

　その頃は、父が結核で長い間入院をして、高校生の長女を頭に5人の子供を母が働きながら育てていた。

経済的にも苦しく、小学生だった私は友達が皆、持っている自転車が欲しいなどと口が裂けても言い出せず、父親の大きな男物の自転車を1人必死になって練習した。あざだらけになりながらもなんとか倒れずに乗れるようになった時の喜びは、何十年たった今も鮮明に思い出す事ができる。

今日もその自転車で、あっこちゃんちに。卵を手に取りそのまま帰れば良いだけの話だった。だが私はその憧れのドーナツがどうしても欲しくなった。

母と一緒の時も欲しいと言えなかった、チョコドーナツ。なんとも言えない甘い香りが口の中で広がっていく。

あっこちゃんのおばさんが私を見ている。「卵だけ?」私はとっさに答える。「あっ、これも一つください」。家の経済はかなり逼迫していたので、支払いは母のお給料が出る月末に支払われることになっている。いわゆる付けというものだ。私は卵とドーナツを抱えドキドキしながらお店を出た。

「買った、買ってしまった。お母さんに叱られる。家には何にも言わないで、しかも自分の分だけを。お姉ちゃんも妹もいるのに、お母さんに怒られる」

私は乗れたばかりの父の大きな黒い自転車を止めて考える。食べてしまおう。食べてしまえば、誰にもわからない。田んぼの畦道《あぜみち》に座り込み私はドーナツを口にした。ドキドキしながらも想像以上の美味しさで、泣きそうにさえなってくる。半分は無我夢中で食べ、残りは無くなってしまうことの悲しさと、家に帰って母になんと言えばいいのか、その恐怖とで頭がぐちゃぐちゃになっていたような気がする。

帰って母に卵を渡す。「ありがとう」と受け取ると、次の瞬間にはもう私に背中を向け、日曜日の朝昼兼用の私たちの食事作りを始める。

私は、私は、言い出せなかった。家のお金を無断で使い、自分だけがあの美味しいドーナツを食べたのだ。妹にあげたらどんなに喜んだだろうか。その日は、いつバレてしまうのかドキドキしながら過ごし、母の顔を見る事さえできなかった。

それから数日後、私はまた同じ過ちを犯す。学校の帰り道、しかも私は二つも買ったのだ。「二つください」。簡単だった。「はぁい。お母さんによろしくね」あっこちゃんのおばさんは何も言わなかった。

私はまたあの畦道に座り、今度は悠々と二つ平らげたのだ。今度はそれほど美味しくなかった。そしてその夜、私は母に問い詰められ、あっさりと白状した。二度とこんな事をしてはいけませんと、赤くなるほど手をつねられた。

あれから何十年経っただろうか。15円の誘惑。その甘さと恐怖。私たち一家は東京に移り、父も亡くなり、母もいなくなった、昨夜突然、そのドーナツ事件を思い出したのは、もう直《す》ぐ迎える母の命日に、あっこちゃんがお花を送ってくださると聞いたからかもしれない。必死に働き、私たちを育ててくれた母、父の大きな自転車、15円のドーナツ。長い月日が経ってもお花を送り偲んでくれるあっこちゃんのように、つながっている人と人。そんなこんなを書いているこの「まあいいか」です。書くことによって、記憶を辿り、出せなかったものに答えを出し、リセットしながら前に進ませてくれるのかもしれない。辛い事も苦しかった事でさえも、書くという作業によって、意味のある大きな優しさに変えてしまうから不思議なものである。

読んでくださってありがとう。ただただありがとう。

これからの一日一日、何が待っているかわかりませんが、変わらず、楽しく、平和に。時には怒りながらも真《ま》っ直《す》ぐに生きていきたいと思っています。そして、それらを文字にして届けてゆきたいと思うのです。

まとめてくださった編集者の方々、本当に、本当にありがとうございました。

これからもよろしくお願いします。

2021年　初秋

大竹しのぶ

大竹しのぶ

１９５７年７月17日生まれ。東京都出身。

１９７３年「ボクは女学生」の一般公募でドラマ出演。１９７５年映画「青春の門－筑豊編－」ヒロイン役で本格的デビュー。その鮮烈さは天性の演技力と称賛され、同年、連続テレビ小説「水色の時」に出演し、国民的ヒロインとなる。以降、気鋭の舞台演出家、映画監督の作品には欠かせない女優として活躍。その圧倒的な存在感は常に注目を集め、映画、舞台、ＴＶドラマ、音楽等ジャンルにとらわれず才能を発揮し、話題作に相次いで出演。

作品毎に未知を楽しむ豊かな表現力により、主要な映画、演劇賞を数々受賞し、世代を超えて支持され続けている名実ともに日本を代表する女優。

２０１１年　紫綬褒章を受章。

２０２１年　東京２０２０オリンピック閉会式に出演。

装　幀／印南貴行、森桃子（ＭＡＲＵＣ）
写　真／大竹しのぶ
カバーイラスト／大竹二千翔（月と星）
ＩＭＡＬＵ（ライオン）
表紙＆扉＆本文イラスト／大竹二千翔
※いずれも幼少期に描いたもの

初出／朝日新聞夕刊　連載「まあいいか」
２０１７年９月１日〜２０２１年３月19日付け
JASRAC 出 2108438-101

母との食卓　まあいいか３
2021年10月25日　第1刷発行

著　者　大竹しのぶ
発行人　見城 徹
編集人　舘野晴彦

発行所　株式会社 幻冬舎
〒151-0051 東京都渋谷区千駄ヶ谷4-9-7

電話：03(5411)6211(編集)
03(5411)6222(営業)
振替：00120-8-767643
印刷・製本所：中央精版印刷株式会社

検印廃止

Printed in Japan
ISBN978-4-344-03820-2 C0095
幻冬舎ホームページアドレス　https://www.gentosha.co.jp/

この本に関するご意見・ご感想をメールでお寄せいただく場合は、
comment@gentosha.co.jpまで。